U0939773

本著作是全国教育科学“十三五”规划国家一般课题“从游式”教育的现代形态:以西南联大为个案的诠释（课题批准号BOA170042）的阶段性成果。

日常生活与精神成长

以民国时期的大学生为范围的考察

王喜旺 等 / 著

中国政法大学出版社

2021 · 北京

声　明　1. 版权所有，侵权必究。

2. 如有缺页、倒装问题，由出版社负责退换。

图书在版编目（CIP）数据

日常生活与精神成长：以民国时期的大学生为范围的考察/王喜旺等著
北京：中国政法大学出版社，2021.12
ISBN 978-7-5764-0288-9

Ⅰ.①日…　Ⅱ.①王…　Ⅲ.①高等教育－教育史－史料－中国－民国
Ⅳ.①G649.29

中国版本图书馆CIP数据核字(2022)第015992号

出版者　中国政法大学出版社
地　址　北京市海淀区西土城路25号
邮寄地址　北京100088信箱8034分箱　邮编100088
网　址　http://www.cuplpress.com (网络实名：中国政法大学出版社)
电　话　010-58908289(编辑部) 58908334(邮购部)
承　印　北京九州迅驰传媒文化有限公司
开　本　880mm×1230mm　1/32
印　张　6.75
字　数　150千字
版　次　2021年12月第1版
印　次　2021年12月第1次印刷
定　价　45.00元

前言

PREFACE

在当下的中国，创建一流大学、卓越大学的呼声日渐高涨。几乎所有的大学校长都在为创建一流大学、卓越大学而呼吁、奔波。遗憾的是，少有明达之士清醒地认识到，一流大学、卓越大学创建的关键究竟在何处。对此，台湾地区的历史学者王汎森作为一个旁观者，倒是有不凡的认知。他曾这样说：

> 现在很多人都在讨论，何谓卓越的大学？我认为一个好的大学，学校生活的一大部分，以及校园的许多活动，直接或间接都与学问有关，同学在咖啡厅里面谈论的，直接或间接也都会是学术相关的议题。教授们在餐厅里面吃饭，谈的是“有没有新的发现”？或是哪个人那天演讲到底讲了什么重要的想法？一定是沉浸在这种氛围中的大学，才有可能成为卓越大学。那种交换思想学识、那种互相教育的气氛不是花钱就有办法获得的。

> 我知道钱固然重要，但不是唯一的东西。一个卓越的大学、一个好的大学、一个好的学习环境，表示里面有一个共同关心的焦点，如果没有的话，这个学校就不可能成为好的大学。[1]

在这里，王汎森想要告诉我们的是，建设一流、卓越大学的关键，绝不在于巨额经费、高楼大厦、齐全的设备等物质方面，而在于学校的师生是否有丰富的智性生活，是否有浓郁的智性气息弥漫其间。不过，王汎森的这一见解虽然可谓卓识，但还是有其偏狭之处。因为在大学师生的精神生活中，除了面向自然、人文奥秘探求智性生活外，高贵而纯洁的情感生活、纯正而豁达的价值生活等，也构成了大学师生精神生活的重要组成部分。它们不仅是智性生活的重要推动力，也是智性生活的平衡力。我们很难想象，一个生活上自私、卑污的人，能够有高质量的、足以增进人类福祉的智性生活。就此而言，大学师生的精神生活不是由智性生活构成的单维生活，而是由众多精神要素构成的多维的、复杂的有机整体。因此，我们可以说，决定大学能否成为一流、卓越的关键，在于大学师生是否拥有丰富而高品质的精神生活。如果我们站在生本的立场上，把探察的视角转向育人的方向，那么，我们的这一论断就可以进一步具体化、简约化：决定大学能否成为一流、卓越的关键，在于大学生是否拥有丰富而高品质的精神生活。

---

〔1〕 王汎森：《如果让我重做一次研究生》，载 http://www.douban.com/group/topic/3294429.

明确了这一点，接下来我们需要回答的一个问题是，大学生如何才能拥有丰富而高品质的精神生活？这就需要大学中最为日常的生活，如教师的课堂教学、师生的课外游谈、学生的课外阅读活动等，共同聚焦到为学生提供丰富而高品质的精神生活上，结构性地塑造学生的精神生活。从类型学的角度来看，我们可以把大学中最为日常的生活分为两大类：一类是师生互动性的生活。如课堂教学生活、师生之间在课外的游谈，便是典型的师生互动性生活。另外一类是学生独自操持的生活。如学生在课外的阅读活动，便是典型的学生独自操持的生活。也许有的人会说，这两种类型的生活，只是具有表面上的不同，即前一种类型的生活是由师生两大主体互动而维持的，后一种类型的生活仅仅是由学生这一单一主体操持而延续的。显然，这是一种皮相之见。事实上，在深层的作用机制上，这二者也是迥异的。在师生互动性的生活中，学生身心的任何变化、发展，都离不开师生之间的交流、沟通。只不过，这样的交流、沟通，有时是以外显的、可见可触的形式展现出来，有时则是以内隐的、不易察觉的形式存在着。如师生课堂上的对话、课外交谈中的舌剑唇枪，便是典型的外显形式；课堂上师生之间隐而不彰的精神呼应、心理对抗，课外交谈中的心息相通，便是典型的内隐形式。在学生独自操持的生活中，学生身心的任何变化、发展，都是通过学生内在隐秘的精神消化、吸收来实现的。尽管在课外的阅读活动中，学生内心的独白与书籍作者精神上的对话，是必不可少的，但是学生的身心变化，最终必须落实到经由独白、对话开启的精神反刍上，精神的独自消化、吸收上。

有鉴于此，我们才会把大学中最为日常的生活分为师生互动性的生活、学生独自操持的生活两大类。在考虑本著作的逻辑展开顺序时，我们也会把课堂教学、师生课外的游谈对学生精神生活的影响作为全书的第一大部分，把学生课外的阅读生活对学生精神生活的影响作为全书的第二大部分。

尤其值得注意的是，不论把大学中最为日常的生活按照何种角度、逻辑进行分类、排列，有一点是不能回避的：大学中最为日常的生活必须是优质的。因为只有优质的日常生活，才能最大限度地塑造学生高质量的、丰富的精神生活。那么，达到什么水准的日常生活才是优质的呢？在笔者看来，这很难一概而论，需要分类探讨。我们还是顺着前面的分类逻辑具体展开。首先从课堂教学生活来看。优质的课堂教学的根本是必须具有探究品性。只有在具有探究品性的课堂上，教师才能把学生引入到探究自然、人文奥秘的精神之旅中，不仅让学生把探究世界的奥秘习得为一种宝贵的品质，还会让学生掌握探究世界奥秘的思维方式、能力。这些对于学生拥有丰富、持久的智性生活，是极其重要的。其次从师生课外的游谈来看。什么形态的师生课外游谈能够享有优质之誉呢？其主要特征是亲密而纯洁。只有亲密的游谈，才可能使教育者与学生之间心息相通。而心息相通，是智性的共振与价值、情感的陶冶自然进入学生心中的前提。“亲其师，则信其道”，言说的便是这一道理。当然，在师生课外游谈中，纯洁品性也是必不可少的，只有纯洁的师生游谈，才能使亲密不致成为狎昵，充分保证游谈的教育品性。也就是说，当游谈之中的亲密与纯洁品性兼具时，教育的种子自然而然进入学生的心田，便是不期而至之事。接下来看学生的阅读生活。一般来说，优质的阅读生活离不开动机纯正与内心活动丰富这两个重要特征。阅读动机纯正，或为了家国振兴而苦读，或为了探求真理而研读，都会使得学生获得巨大的阅读动力，从而孜孜以求、手不释卷。进一步而言，精神生活改造的动力也会源源不断而来。阅读过程中，心理活动丰富而复杂，或因为获得了与作者的情感共鸣而心潮澎湃、情感激扬，是学生价值升华、情感净化的良机；或因为作者的思想刺激、振荡而思绪万千、深思苦索，是学生理性升华、智慧提升、智性生活走向丰富的重要途径。

当然，对于何种样态的生活是大学当中优质的、最为日常的生活，它们会对学生的精神生活产生哪些积极影响，仅仅有理性的推断、逻辑的推演是不够的，还需要经验来证明、证实。而经验的证明、证实的一条重要渠道便是，把考察的触角伸向历史的深处，从历史的幽微之处，找寻二者的关联。这既是对逻辑推演的验证，更是对理性推断的发展。下面，我们就进入民国大学的“语境”中，展开我们这一思想道路上的探幽索微之旅。

目
录
Contents

第一章 课堂教学对学生精神生活的形塑

——以民国时期清华大学为个案的诠释

清华大学始于民国也盛于民国，自 1928 年正式更名为清华大学后，短短几年间，便为中国培养出了许许多多的杰出人才。如“文化昆仑”钱锺书、明史研究开拓者吴晗、气象学家叶笃正、核物理学家邓稼先等。这些人才虽分布于各行各业，但是他们都拥有勇于开拓、一往无前的探究精神和探究能力。大学课堂是发展学生探究精神、培养探究能力的重要场所，翻阅有关民国时期清华大学的课堂教学史料，我们可以看到学子们对知识的渴望，感受到学生们积极思考的热情。这一场景与当前的大学课堂稍显不同，当前很多大学课堂缺乏一种生气，缺少点燃学生思维的火种，当前中国的发展是极度需要具有探究精神、探究能力的人才的。那么，历史的经验能够为我们提供哪些镜鉴呢？下面，我们来一步步考察。

第一节　清华大学探究性课堂的生成机制

一、学术自由的环境

（一）教授治校

教授是一所大学的主体，教授治校是实现学术自由的制度保障。教授治校制度能够给予教授们充足的教学及科研自由，充分调动教授们在教学中的积极性。教授们得以将其最新的、最得意的研究成果在大学课堂上通过教学的方式呈现给学生，由此教学内容得到不断充实，教学方法得以不断优化，学生课上的活跃性也被调动起来了。

苏云峰在其著作《从清华学堂到清华大学（1911—1929）》中提到蔡元培是教授治校制度的始倡者，清华校长曹云祥则是为清华奠立教授治校制度的基础者。1926年《清华学校组织大纲》中提出设立评议会和教授会，实施教授治校制度。[1]大学教授主要通过教授会实施教授治校。教授群体通过教授会间接参与学校决策，经教授群体推选出的教授代表则通过评议会直接参与学校重大事项决策。评议会的职责范围很广泛，涉及学校教学、行政事务、财务等，如规定全校教育方针、审定预算决算等。教授会推选代表作为评议员参与评议会，同时教授会对评议会起到制衡作用，教授会

〔1〕 苏云峰：《从清华学堂到清华大学（1911—1929）》，生活·读书·新知三联书店2001年版，第76~77页。

有权否决评议会的决策。从教授会与评议会的职责及教授在两部门间所占人数比例，可以看出教授在当时的清华大学拥有着举足轻重的地位。这种地位的获得与校长对教授的尊崇不无关系，民国时期清华大学的校长历来有尊重教授的传统。

梅贻琦于 1931 年接掌清华大学后，继续实行教授治校制度。梅贻琦尊重教授的思想更甚前人，这使得教授治校制度在清华大学得到巩固发展。正如他在就职演说中提到的著名的大师论，可见梅贻琦对教授的看重在大学发展过程中所发挥的作用，他常说的“吾从众”及所扮演的“王帽”（虚位元首）角色正是这一思想的体现。1937 年抗日战争全面爆发后，清华西迁，与北大、南开在昆明组成西南联合大学，该校仍由梅贻琦掌舵，梅贻琦的教授治校思想也得以成功延续。

教授治校制度赋予清华教授较大的权利，教授们以此获得更多的教学自由，包括自由选择教学内容、自由展示研究成果等。展示研究成果的教学过程，自然也就是引导学生一同探究学术的过程。

（二）思想自由

教授治校在制度上为学术自由的实现提供了保障，思想自由则为学术自由提供了精神空间。梅贻琦在接掌清华后追随蔡元培的教育思想，“昔日之所谓新旧，今日之所谓左右，其在学校应均予以自由探讨之机会”〔1〕。

探究性教学的形成不仅仅需要老师的主动实施，同时也

---

〔1〕 黄延复、马相武：《梅贻琦与清华大学》，山西教育出版社 1995 年版，第 331 页。

需要学生在课上积极与老师进行思维互动。师生之间进行思维互动的前提则是学生独立思考，只有对问题进行了独立思考之后，才能产生接受或者拒绝老师观点的态度，进而使得新的知识与头脑中原有的知识发生实质性联系。思想自由在清华校园的盛行，为学生提供了自由思考的环境，也培养了学生独立思考的习惯。从课程开设方面可以看出校方兼容并包的态度：清华大学开设三班逻辑课，分别由金岳霖、沈有鼎、张申府讲授，三位先生讲课风格不同，侧重点也不同。金岳霖是规规矩矩地讲逻辑学内容，沈有鼎着重讲数理逻辑，[1]张申府则会结合一些题外闲谈，还会在课上为学生讲一些实事。[2]同一门课程不同老师讲出了不同的风格，学生可以根据自己的兴趣自由选择与自己思维相契合的老师去听课。不同风格、不同观点的老师同授一门课，使得不同观点在大学中可以自由争辩，学生身处多元观点之中，凭借自己的思考判断孰对孰错，从而产生自己的思想。

知识要经过思考、经过讨论才能内化为学生自身的知识。大学教育不应提供现成的、带有绝对权威性的知识，而应教会学生获得知识的方法，并且培养学生批判他人观点以及自我反省的精神。清华的老师们非常注意这一点，不会以权威的身份向学生灌输自己的观念，而是给予学生进行自我判别及选择的自由，以期学生有自动求知和不断研究的能力。胡

---

〔1〕 全国政协文史和学习委员会编：《所忆：张申府回忆录》，中国文史出版社2012年版，第179页。

〔2〕 清华大学校史研究室编：《清华人物志》（二），清华大学出版社1992年版，第75页。

适与钱穆在《老子》一书的成书时间等问题上意见不同，两人争论几轮后，仍各自坚持己见。当一学生问到钱穆究竟该听从哪家之言时，他回答：“此处正见学问之需要。汝正当从此等处自有悟入。若他人尽可告汝一是，则又何待汝多学多问。”〔1〕在这一过程中学生所形成的独立思考的欲望及能力，使得其无论课上课下都在继续这种批判性思考，并进而提出属于自己的观点。

清华学子在思想自由的氛围之下，也的确培养了独立的思想。学生在学校生活中的表现体现了清华倡导思想自由的成果。民国时期清华大学的学生针对学校的英文教材在《清华周刊》上发表言论，认为不同专业学生选习同一本英文教材且为小说，不利于发展非文学系学生的英语学习兴趣，进而还提出了五条解决措施与校方商榷。从《清华周刊》的选文标准中也可以看出思想自由的风气，其中文艺栏的选刊标准是：“只要是在文艺场上站得住脚的东西，旧诗、旧词、旧戏曲也好，新诗、新剧、新小说也好，翻译也好，创作也好，长篇也好，小品也好，文言也好，白话也好，贵族的也好，平民的也好，汉文的也好，外国文的也好，只要周刊有空地，都可登载。”〔2〕这一选文标准与前文提出的蔡元培倡导的思想有异曲同工之妙，由此可见，思想自由的种子已经在学生心中生根发芽了。

无论是清华校园环境还是教授的教育理念都倡导学生要

〔1〕 钱穆：《八十忆双亲 · 师友杂忆》，生活 · 读书 · 新知三联书店 1998 年版，第 124 页。

〔2〕 香灵：《清华周刊的新生命》，载《清华周刊》1928 年第 30 卷第 1 期。

独立自由思考，而这自由思考的理念正是学生从事探究活动，一步一步探究真理的必要准备。独立思想是开展科学研究的必要思想准备，独立思想也是产生问题的前提条件，一味地顺从教师的观点是无法产生问题的，没有问题自然也无法开启探究活动。

二、学术大师的汇聚

（一）教师学识渊博

教师作为课堂教学的主体，其头脑中的知识存量是课堂教学是否充实的基础，而如果教师恰好是一位通才，那便更容易将知识融会贯通，进而将学生引入曲径通幽的知识探究之路。

民国时期清华大学重视大师对于大学发展所起到的作用，并采取了相应的措施，如建立合理的教师聘任制度、提高教师待遇、实施教师兼课制度以吸引国内各高校知名教师到校教学，同时还邀请国外学者到校讲学，为大学招揽了众多学识渊博、热衷求知的教师。当时，清华知名教授有吴有训、陈寅恪、潘光旦、冯友兰、吴宓、吴韫珍等。吴宓当年无疑是清华教授里的佼佼者，作为外国语文学系的教授，在学问方面，他对自己所讲授的一些中外典籍作品倒背如流，而且能作出精辟的讲解。如此博学我们认为自然可称其为大师，然如此之大师却不在少数。作为清华的另一位大师，陈寅恪被吴宓评价为全中国最博学之人。〔1〕清华教师大多是通才，

---

〔1〕 黄延复：《清华的大师们》，中国经济出版社2005年版，第1页。

他们不只关注自己所研究领域的知识，对其他感兴趣的知识也多有涉猎。陈寅恪在清华讲文史课程，外文系的吴宓教授每堂必到。如此求知若渴的教师，在课堂所散发的学术魅力必然也会感染到学生。

大学教师不仅仅是知识的传播者，同时也是知识的发现者，他们只有不断研究、不断学习，才能充实自身，进而将研究成果引入教学之中。将最新的研究成果作为教学内容传授给学生则是探究性教学的鲜明特点。书籍是教师获取知识的重要工具，民国时期的教师大多嗜书如命，很多都有藏书的爱好。张申府知识渊博，几乎有书即读，尤其是新出版的海外哲学、政治方面的出版物。为了买到心仪的书籍，他常常跑书铺，想尽办法把它们买回家。由此，也就渐渐积累了不少藏书，其中最偏爱的有罗素的著作和逻辑方面的书籍，还有许梿的刻书等。〔1〕清华教师在辛勤从事教学的同时，主动学习，不断积累新的知识，并积极进行科学研究，做到了教学、科研相互促进。

（二）教师的敬业精神

影响一位教师能否成功实施探究性教学的因素不仅仅在于他自身的学识涵养，还在于他如何将头脑中积蓄的学识传播出去。教师的职责是传道、授业、解惑，因此，自身学识的渊博是授业的基础，而课前的备课，包括教学方法的思考、教学内容的组织选择，是探究性课堂得以展开的前提。教师

〔1〕 全国政协文史和学习委员会编：《所忆：张申府回忆录》，中国文史出版社2012年版，第226页。

高度的学术责任感使其能够严肃对待传道、授业、解惑的职责，且当时紧张的国家局势，更进一步加重了教师的责任感。搜寻清华大学教师工作时的场景，我们可以找到许多教师认真工作、专心教学的身影。

民国时期大多课程不是引自国外的课程就是开发国内新课程，引自国外的课程，所用教科书可以翻译国外著作，而新开设的课程，尤其是与中国实际问题相关的，则需要教师自编讲义，自行进行研究。清华学生雷海宗在国外学的是西洋史，回国后，他认为要成为一个历史学家，应兼通中外历史，故时常注重中国历史研究。每当他想到关于中国历史的问题时，都及时写下来，由此积累了不少资料。雷海宗于1932年回清华任教，担任中国通史课教师，为编写课程讲义，每天夜以继日、通宵达旦，最终写出了一部中国历史教科书，共六册。〔1〕钱穆在新课程的准备方面同样花费很大心思，在决定开设“中国通史”课后，从假期就抓紧时间，每天花费半天的时间反复思索通史课程纲要。开学之后，每周教授两次通史课程，上课前一天下午仍至古柏树下预备第二天下午的讲课内容。一年之内，除了风雨天外，他几乎每周都要抽出两个半天斟酌决定转天两个小时的讲授内容，分门别类，提纲挈领，定其取舍。〔2〕

对于新开设的课程，教师通常会花费大量的精力备课，是出于教学需要，而对于一些已开设了几年、教过多次的课

〔1〕 何炳棣：《读史阅世六十年》，广西师范大学出版社2005年版，第112页。

〔2〕 钱穆：《八十忆双亲·师友杂忆》，生活·读书·新知三联书店1998年版，第130页。

程，教师仍专心备课，则更加凸显教师的敬业精神。已在清华从教十年有余的吴宓，在西南联大时期仍坚持认真备课，课前要逐条写笔记，之后增加、合并，不断修改，还要用红笔勾画出要讲的重点。第二天清晨，吴宓怕打扰还在熟睡的室友，就在室外晨曦初照下，拿着前一夜所写下各条笔记，反复多次诵读。〔1〕

民国初年，大学初建，许多院系专业都处于草创时期，一些知名教授对于学校院系的建设也做出了呕心沥血的贡献。1928 年清华聘请陈桢教授来生物系任教，并担任系主任主持系务工作。陈桢受他事牵绊未能及时到校任职，人虽未到，但心已到任，事先就将课程制定的方案寄到学校。1929 年陈桢到校后，为了更有针对性地提高清华生物系的教学质量，他首先对该系的教学情况进行了摸底调查，并与各位教授商量，认为到任前寄来的教学方案大体可行，但仍有些地方需要调整，于是提出了修改意见。将原定为必修课的细胞学改为选修课，遗传及优生的课程减少授课时数，添设生物学史及人类生物学等课程。〔2〕

民国时期清华大学实行教师学术休假制度，该制度也延续到西南联大时期。在教师们为学术休假所制定的计划中也常常可以看到他们对教学的关心，希望通过到国外学习来进一步丰富完善所从事的研究并充实课堂教学内容。1932 年陈

〔1〕 钱穆：《八十忆双亲 · 师友杂忆》，生活 · 读书 · 新知三联书店 1998 年版，第 158 页。

〔2〕 刘国生主编：《从清华走出的教育家》，内蒙古文化出版社 2008 年版，第 98 页。

岱孙游学欧洲，他这次出国是为撰写《比较预算制度》一书做准备。与该书相关的资料，当时国内尚不可寻。陈岱孙在巴黎住了半年，在伦敦住了四个月，除了周末听一次歌剧以外，其余时间几乎每天都在法兰西国家图书馆搜查、抄录有关资料。〔1〕1944 年吴宓进行学术休假，其计划是乘暇多读西洋文学书，以充实“欧洲文学史”课目之内容，还计划将前年所撰《文学与人生》的英文、汉文讲义稿续撰并修改编译成书。〔2〕可见教师们在学术休假之余仍心系教学，不断充实完善教学内容。

西南联大时期教学环境恶劣，而教师们的教学工作却丝毫未曾懈怠。清华生物系教授吴韫珍在治学方面十分严谨认真，植物学家李继桐评价道：“先生治学之勤，‘寝馈于斯’犹不足形容，‘废寝忘食’庶几近之。标本室、家庭、宿舍，凡先生所在地莫非工作室，而工作往往至深夜。清华生物馆半夜之灯光，不问便知由先生之标本室所发出。即出发采集之期，先生之工作仍是夜以继日。”〔3〕直至学校迁至云南，生活条件变得更为艰辛，吴韫珍仍未改其勤奋治学的习惯。1938 年 8 月，吴韫珍、张景钺两位先生率周家炽、杨承元、吴征镒、姚荷生一行，到大理的宾川等地的山区进行考察。大理植物种类丰富，吴韫珍先生白天忙于在自然之间收集考察，夜晚则加班熬夜绘制日间收集到的标本，大山之中，夜

〔1〕 刘国生主编：《从清华走出的教育家》，内蒙古文化出版社 2008 年版，第 31 页。

〔2〕 黄延复：《清华逸事》，辽海出版社 1998 年版，第 295 页。

〔3〕 清华大学校史研究室编：《清华人物志》（二），清华大学出版社 1992 年版，第 67 页。

风刺人，先生似不觉也。[1]正是学术传承的责任感与敬业精神使其忘记了环境的艰苦、身体的疲乏，只专心于教学研究事业。

大学教师是中国学术精英的代表，民国时期清华教师大多能脚踏实地、严谨治学、终身勤奋、思想自由、坚持真理，这是学术的魅力，也是人格的魅力。教师的一言一行对学生的辐射力和影响力都是巨大的，而这种影响又往往是在潜移默化的过程中完成的。清华教师在课堂上展现的学术魅力及人格魅力，深深影响着课堂上听讲的学生们，点亮了一盏又一盏心灯。学生在无形中受到教师勤奋治学的影响，在今后从事学术研究过程中他们也能克服重重困难，沉浸于纯粹的对真理的探求之中。

三、服务社会的不懈追求

鸦片战争后，中国陷入半殖民地半封建的深渊，中国面临被帝国主义列强瓜分的严重危机，帝国主义列强和封建统治者相互勾结，残酷地压迫、剥削着中国人民，民族复兴成为中国近代史开篇的主题。如何使中国走向民主、独立，成为每一位有志之士所思考的问题。彼时，清华大学正处于这样一个特殊的历史时期。受当时国家局势的影响，学生心中的爱国热情成为支撑他们在知识探究之路上不断前行的动力。

---

〔1〕 周鸿、吴玉:《绿色的开拓者——中国著名植物学家吴征镒》，科学普及出版社 1994 年版，第 46 页。

梅贻琦注重维护学生的爱国热情，但并不主张学生采取放弃学业的方式参与救国运动。他认为，大学的使命在于致力学术，造就人才，将来报效国家。因此，学生应存有一颗爱国之心，但也应处理好学业与社会之间的关系，秉持着爱国之心，踏实研学，不应顾此失彼。在其正确的思想引导下，学生不仅能葆有一颗爱国之心，同时还将爱国的热情化为积极求学的动力，在课堂之上积极主动探求学问之道，追随老师踏实求学。

清华大学教师也深受国难危机的影响，将烙刻在心头的爱国主义，化为从事教学及研究的动力。教师在为国家的发展局势担忧的同时，也对国家的将来充满信心，这一信心成为他们学术研究的原动力。张荫麟写作《中国史纲》正是为了激起民众的爱国之心，他在开篇自序中写道："写出一部新的中国通史，以供一个民族在空前大转变时期的自知之助，岂不是史家应有之事吗？"这篇自序是 1940 年 2 月在昆明写的，那时正是汪伪政府即将在南京成立、抗战处于极端危急的时候。可是，荫麟先生不仅对祖国的前途依然充满信心，而且深刻地预见这是"中国有史以来最大的转变关头"，是"一个赫然在望的新时代"。〔1〕

清华教师对国家局势的愤慨与对未来的信心令听课的学生深受感染。清华数学系教师郑之蕃在课堂上会有意向学生介绍我国古代在数学研究方面所取得的重大进展，如在讲授"四元开方释要"时，他说："天元四元，中国宋元间发明之

〔1〕 李埏、李伯重：《良史与良师：学生眼中的八位著名学者》，清华大学出版社 2012 年版，第 17 页。

算法也”[1]，以此培养学生的民族自豪感与自信心。张申府对日本帝国主义的侵略行径和国民党政府的投降卖国政策，非常气愤。每堂课开讲前，或临下课时，都挤出一点时间把当时国际国内的政治形势讲给学生听。[2]

正是教师们在课上、课下表现出的爱国热情，感染了清华大学的学生们，使他们更加坚定了努力学习报效国家，进而使国家强大的目标追求。清华学子季羡林在回忆中写道："我身上的优点不多，唯爱国不敢后人。即使我将来变成了灰，我的每一个灰粒也都会是爱国的。”[3]受国家局势与教师爱国热情的感染，大学生身上大多有着较强的社会责任感和政治参与意识，而这种社会责任感也是支撑他们在艰难时刻仍坚持刻苦读书的动力。这种强烈的求学动力促使他们在课上紧随教师积极思考，不断探求真理。

第二节　清华大学探究性课堂的外在形态

一、以培养探究能力为指向的教学目标

学生从事探究活动，既需要有主动探究的意识，还需要有分析问题、解决问题以及验证问题的探究能力。民国时期

---

〔1〕 刘国生主编：《从清华走出的教育家》，内蒙古文化出版社 2008 年版，第 111 页。

〔2〕 清华大学校史研究室编：《清华人物志》（二），清华大学出版社 1992 年版，第 79 页。

〔3〕 季羡林：《季羡林随想录（五）·我看北大》，中国城市出版社 2010 年版，第 205 页。

清华大学所倡导的通才教育恰恰是以促进学生探究能力的发展为指向的。

清华校长梅贻琦倡导通识教育，在其著作《大学一解》中，他对通识教育的内涵及重要性做出了论述。梅贻琦认为如果将学问分成自然科学、社会科学和人文科学三大类，实施通识教育的目的就是要让学生对这三大类都能有充分了解，在此基础上能够体会三者之间的互通之处，进而就可以实现梅贻琦所说的“恍然于宇宙之大，品类之多，历史之久，文教之繁”〔1〕。学生有足够的领悟，也就实现了通识教育的目的。他指出大学教育的重点应在“通”而不在“专”，如果说通识教育是为一般生活做准备，那么专识教育则只是锻炼了学生从事某一事业的能力，故“通识不止润身而已，亦所以自通于人也”。〔2〕

受清华大学通识教育理念的影响，清华教授对于学生的教导也以培养通才为目标。清华大学文学系所公布的课程纲要中提出，文学系的课程组织，既要注重研究我们自己的旧文学，也要参照外国的新文学。〔3〕外文系也提出将学生培养成为博雅之士的课程编制目的。〔4〕蒋廷黻为清华大学历史系所写的概况中提到，清华大学历史系向来是兼有本国史与外国史课程的，而且这两者地位平等。除此之外，清华大学历史系还有一点不同于他人之处，那就是历史系学生不仅要学

---

〔1〕 杨东平主编：《大学精神》，文汇出版社2003年版，第53页。

〔2〕 杨东平主编：《大学精神》，文汇出版社2003年版，第51页。

〔3〕 朱自清：《中国文学系概况》，载《清华周刊》1931年第35卷第11、12期。

〔4〕 王文显：《外国语文系》，载《清华周刊》1931年第35卷第11、12期。

好本专业的课程，还要兼习一些外语课程及其他人文学科课程，如文学、经济学、社会学等。[1]所以蒋廷黻经常鼓励自己的学生修读近代政治制度、经济学概论、社会学原理等课程，以此来扩大学生的学术视野，体会其他学科的思考路径。

清华的校长与教授们之所以如此看重通识教育，正是看到了通识教育对于培养学生从事学术研究能力的作用。如杨振声主张实行文科与理科教育“相辅相行”，文、理两学院“不能此疆彼界”，其理由是：“文学院的学问，方法得力于自然科学；理学院中的学问，表现上也得力于文学、美术”。[2]陈寅恪也说，“其真能于思想上自成系统，有所创获者，必须一方面吸收输入外来之学说，一方面不忘本来民族之地位。”[3]

总之，清华所实施的通识教育，恰好符合了以培养探究能力为指向的教学目标，使得清华学子在学术领域获得了更为广阔的学术视野，在以后的学术发展中能更加从容、自由地选择研究领域，同时在求学期间所积累的古今、文理、中西等知识，也有助于其在探求学问的过程中，更加全面、深入地认识研究对象。

二、不断更新的教学内容

民国时期清华大学课堂的教学内容不是一成不变的，由

---

〔1〕 蒋廷黻：《历史学系的概况》，载《清华周刊》1931 年第 35 卷第 11、12 期。

〔2〕 西南联大北京校友会编：《庆祝西南联合大学成立 65 周年纪念特辑》，载《西南联大北京校友会简讯》第 32 期，第 47 页。

〔3〕 陈寅恪：《金明馆丛稿二编》，上海古籍出版社 1980 年版，第 252 页。

于实行教授治校制度，故教师在教学方面拥有较大的自由，可以自行选择教学内容。教学内容的不断更新使得学生对课堂时刻充满期待，课堂上的思维自然也更加活跃。从更新原因与更新内容来看，清华教学内容的更新主要体现在以下三个方面：

第一，对于一些知识更新较快的专业，教师积极引进国外的最新成果，在课堂上向学生介绍。而且在介绍最新成果过程中，还会加入自己的分析，帮助学生理解。如清华理学院各学系在这个时期开设的几门反映当时最新科学成就的新课程，如算学系的“近代微分几何”，物理学系的“原子核物理”“相对论”“流体力学”等，对在当时传播最新科学技术知识，起到了重要作用。〔1〕物理系教授吴有训注重国外理论与中国实际的结合，每年的教学内容都会及时地加入国际的最新研究成果，让学生通过课堂就可以了解到物理学界近三十年来对于世界科学所做出的贡献。其中包括密立根的油滴实验、卢瑟福的粒子散射实验以及康普顿效应等大量20世纪以来物理学的最新进展情况，为的就是让学生习得当代原子结构论的相关知识。吴有训开设的“X射线”课程，为康普顿效应在中国的应用打开了通路，点着了中国固体物理学研究的引线。〔2〕教师不断将国外的最新研究成果引进大学课堂，使学生头脑中的知识不断更新，开拓了学生的学术研究视野。学生对最新成果的了解，为其今后独立从事科学研

〔1〕 清华大学校史编写组编著：《清华大学校史稿》，中华书局1981年版，第182页。

〔2〕 聂冷：《吴有训传》，中国青年出版社1998年版，第98页。

究打下坚实基础。

第二、民国时期的高等教育处于新旧交替阶段，学者们积极引进当时国外先进理论，并不断与中国实际情况相结合，以求将理论运用于对中国实际问题的解决，来推进中国理论知识的前进。陈岱孙在哈佛所学专业是财政金融，回国后在清华任教。在授课过程中他发现教学内容更多偏向于国外的经验和历史，而涉及的本土知识却不够充分。因而，在回国后的最初几年他花了很多时间和精力来充实自己，补充教课的内容。〔1〕陈桢到清华任教后不久提出组织本地生物调查团的倡议，在植物标本收集方面，他先后组织了平郊及河北省的调查团进行植物标本采集，还组织了绥远、吉林、广东等地的调查团进行种子植物的标本采集；在动物标本收集方面，他组织调查团到山东、浙江、福建、广东等沿海一带进行鱼类及其他海产动物的标本采集，还组织去平郊及东陵等地采集鸟类标本。这些活动为教学提供了所需的标本，同时进行了生动的实物教学，丰富了教学内容。随后清华生物系开设了植物分类学、本地植物、本地动物、原生动物学、鸟类学等课程。〔2〕教师在课堂之上将国外理论应用于中国实际问题的解决，一方面为学生展示了理论的实际应用过程，使学生在课堂之上跟随老师一同进行了一次学术探究思维活动，培养了学生学术探究能力；另一方面则激发了学生学习理论知

〔1〕 宗璞、熊秉明主编：《永远的清华园》，北京大学出版社 2013 年版，第 296 页。

〔2〕 刘国生主编：《从清华走出的教育家》，内蒙古文化出版社 2008 年版，第 100 页。

识的热情。

第三，对于一些具有本国特色的学科，教师则需要独立进行研究，以促进本学科理论知识的完善发展。民国时期清华大学教师受爱国热情感染，深感中国当时的知识理论发展落后于世界，因此在从事教学的同时，还勤恳地从事科研活动，并将科研成果注入课堂，不断更新教学内容。朱自清接任了中国古典诗词课的教授后，之前虽写过少量旧体诗，但他为了将课程讲得更好，又拜同是清华中文系教授的黄晦闻老先生为师，以此作为了解、研究古典文学的一种方法。他还选择了一大批有代表性的古诗词，从逐句换字地“拟古”入手重做，逐渐在这方面取得了丰厚的经验。然后，朱自清亲自编辑《古今诗选小传》和《诗话人系》等，汇集前人和近人的研究成果，自己再重点研究若干诗人。就这样一步一个脚印，他终于完全胜任了所负课程的讲授和研究。〔1〕

教学内容不断更新，在与中国实际相结合的过程中，学生也能更为具体地感受到抽象知识的应用价值，从而点燃心中进一步探究知识的热情。同时，不断更新的教学内容给学生所带来的新鲜感，也会激发学生主动求学的兴趣，使之带着更大的学术热情进入知识探究的世界。

三、展示研究活动的教学过程

与研究内容不断更新相对应，教师的教学是一个展示研究活动的过程。民国时期的大学对教师教学限制较小，也没

〔1〕 宗璞、熊秉明主编：《永远的清华园》，北京大学出版社 2013 年版，第 224 页。

有统一的教材，教师可以根据自己的研究内容自由选择教材甚至自编教材。由于对教材没有统一规定，教授就必须根据自己的专长自编讲义，这对教师的学问也提出更高的要求。如果随便找一本专著来做讲义，那样不但会被其他教师看不起，学生也难以信服。故而教授们编写讲义与教学往往同步进行，讲义写好后经修改就可以正式出版了。这些讲义往往就成了该领域的重要研究成果，这些著作往往也都属于该领域的开山之作，如鲁迅的《中国小说史略》即是。

教师将课下的研究成果融入教学，坚持教学与研究相结合，在课堂之上为学生展现自己课下的研究思路与研究成果，使得学生在课上跟随教师一同进行了一场模拟科研活动。朱自清担任清华文学系教授后，在教学期间不断根据自己的研究进度调整教学内容，开设新的课程。1929 年，朱自清开设“中国歌谣”和“中国新文学研究”两门新课，这两门新颖的课程引起了学生的浓厚兴趣。之后他又开设了“中国文学批评”一课，与此同时，他的散文作品中也出现了一些评论性的文章。在课上他也以这些当时的新作品作为教学的主要内容，所开课程赢得学生一片好评。李继侗讲课十分受学生欢迎，同样是因为他将教学与研究相结合。他在课下总是不辞艰辛地到山区采集植物标本，上课时与学生一起探讨自己的科研所得，并结合当时国际植物学界正在探讨的问题，进行更深入的分析。他的学生——植物生理学家娄成后在纪念老师的文章中说道：“在清华学习的三年中李师给我最深的印象就是他在教学上孜孜不倦、循循善诱，……他最擅长于利用当地易得的植物材料，针对当时国际植物生理学界正在探讨的问题，做出别出心裁的试验。根据试验结果，深入分析，往往能进一步揭示现象的本质”〔1〕。教师以课下的科研进度推进教学进度，将最新的知识授予学生，这种做法成功地激发了学生的学习兴趣。

学生们都喜欢听陈寅恪的课，正是因为学生们知道他每岁讲演必不与旧岁时重复，盖先生每年必出其研究之心得以授诸生。有时就不免有人问他：“先生，为什么你每次的课是不一样的？”先生说：“若年年都讲同样的，印而刊之可也，何必上课哉！”〔2〕陈寅恪还经常对学生说：“前人讲过的，我不讲；近人讲过的，我不讲；外国人讲过的，我不讲；我自己过去讲过的，也不讲。现在只讲未曾有人讲过的。”〔3〕而这未曾有人讲过的知识，只能依靠学者不断地研究新问题，才能产生新知识，进而授予学生。旁听生周一良记录下了陈寅恪展示研究过程的状况。他讲魏晋南北朝史，第一堂课讲石勒。首先向学生提出与研究对象相关的各种问题，在抛出了要研究的问题之后，再广泛引证材料来引出自己的观点。这引证的过程异常精彩，环环相扣，讲台下的学生听课犹如看了一场著名武生杨小楼的拿手好戏，感到异常“过瘾”。〔4〕这提出问题，进而引用材料证明观点的过程不正是探究的过程吗？这一过程仿似科学家研究过程的一个微观模拟，学生

〔1〕 清华大学校史研究室编：《清华人物志》（二），清华大学出版社 1992 年版，第 26 页。

〔2〕 约之编著：《先生的课堂》，光明日报出版社 2013 年版，第 123 页。

〔3〕 潘剑冰：《民国课堂：大先生也挺逗》，广西人民出版社 2013 年版，第 110 页。

〔4〕 吴定宇：《学人魂：陈寅恪传》，上海文艺出版社 1996 年版，第 76 页。

从中体悟到研究者的推理思路和推理方法，体验到科学研究过程的曲折艰辛，更为重要的是体会到得出结论后的喜悦之情。

由此可见，教师的科研活动与教学活动基本是同步进行的，教师将课下的学术思考、科研成果在教学过程中传授给学生。教学不再是讲授课本中的生硬知识，而是加入了老师自身的所思所感，教学过程变得更为生动有趣，学生在听课过程中就会不断被吸引着，走向知识探究之路。

四、灵活多样的教学方法

（一）现场教学法

探究性教学旨在引发学生不断思考，而这种思考不只局限于抽象理论层面，在将理论运用于实际问题解决的过程中，理论无法解决现实问题时，学生头脑中便产生了疑问，进而不断探究，修正理论，完成问题的解决。教师为有意引导学生将理论与实际问题相结合，则考虑采取现场教学法。

清华大学各学系经常组织学生实地参观，在参观中了解中国实际情况，学生在参观后还会记录下参观的感想，有些学生的参观报告还有机会发表于《清华周刊》，如《化学系春假参观记》《北宁铁路唐山机厂参观记》等。根据《清华周刊》报道，1929 年清华经济系组织会计班全体学生，赴北平参观各大商业贸易场所，包括大陆银行、交易所、仁立地毯公司、华洋义赈会，详细查看各地之会计制度及其簿记方法。[1]清华社会人类学系添设“劳动问题”一课，该课教师

---

〔1〕《各系新闻》，载《清华周刊》1929 年第 31 卷第 2 期。

陈通夫组织学生参观北平著名工厂：丙寅食料公司、丹华火柴公司、燕京地毯公司、财政部印刷局、光明料器局等。同学们也都十分积极地参加这种活动，认为实地参观一次，胜于坐读书本十卷。[1]清华化学系也规定工业化学班于毕业前要组织工厂参观一次。1930年化学系组织参观了兵公署理化研究所、上海自然科学研究所、华丰搪瓷厂、利兴钢铁厂等。在参观报告中，学生们记录下了各个研究所与工厂的概况、所使用的设备、生产的流程等。

现场教学法还能引发学生的学习兴趣，将课本中枯燥的知识与现实场景相结合，从而便于学生对抽象理论的理解。对于“本地植物”一课，在教学时间的安排上，吴韫珍要求学生每周要花费九个小时去校外收集标本，以便学生真正在野外认识、接触本地植物。[2]为培养学生将理论应用于实际的能力，吴韫珍还带领学生对清华园内的植物进行了调查，在《清华周刊》上发表了《清华园花木记》一文。[3]

（二）学生自学指导法

探究性教学不仅是知识的传授，同时也要注重学生探究能力的培养，学生的自学能力则是探究活动所需的重要能力之一。开列书单、讲授研究方法等方式，将学生在课上所形成的学习兴趣延展到课外，培养了学生独立进行研究的能力。

---

〔1〕 半谦：《团体新闻》，《清华周刊》1929年第31卷第3期。

〔2〕 刘国生主编：《从清华走出的教育家》，内蒙古文化出版社2008年版，第106页。

〔3〕 袁庆辉、时钧：《化学系春假参观记》，载《清华周刊》1934年第41卷第8、9期。

蒋廷黻讲中国的外交史相关课程时，只在前两周向学生讲明史学方法及做文章的方法，余下的教学时间都留给学生，让他们自己去做研究、写论文。1931级清华历史系毕业生王信忠说，“一周要看十几本书，每周要交报告，或开会讨论，必须事先仔细研究，诚实谦虚地去分析与综合资料，不得马虎。”〔1〕

吴宓十分注重锻炼学生的读书能力，并亲自总结出了一套读书方法，他所强调的读书原则是“固须博览，多看杂书”。书可读得杂，但所要遵循的读书方法却是一致的，第一条就是书要从头到尾一页不差地读完，读完一本之后再读下一本；第二条是读书不能囫囵吞枣，有不懂的意思不能含糊掠过，必须将每一字、每一词都查清楚；第三条则是如果查阅之后仍不解其意，可以请教朋友或者老师，直到弄清楚为止。〔2〕

教师为使学生开阔思路并多读书，上课之时往往为学生开列书单，培养学生的自学能力。张申府开设“形而上学”选修课，课上为学习这门课的学生开了一张有十几本参考书的书单。〔3〕钱穆在自述中也说道，每次上堂必写此一堂之讲授大纲及参考材料。张荫麟讲“宋史”一课时，不仅为学生开列书单，还监督学生读书写提要，引导学生思考。一开始，他让学生读《宋史纪事本末》，并要求学生从其中选择六十篇作提要，每篇提要不得超过百字，且须按时完成。听课者

〔1〕 苏云峰：《从清华学堂到清华大学（1911—1929）》，生活·读书·新知三联书店2001年版，第141页。

〔2〕 黄延复：《清华逸事》，辽海出版社1998年版，第75页。

〔3〕 全国政协文史和学习委员会编：《所忆：张申府回忆录》，中国文史出版社2012年版，第184页。

几十人，他都一一批阅。每隔两三个星期，他还会给学生指定几本书，并提出一个问题，要学生结合参考书的内容解决这一问题。越往后问题越难，指定的书也越来越多。最后，他不再指定，要学生自己提出问题，自己找书看。张荫麟用这样循序渐进的方法，训练学生学会做研究。〔1〕

各专业教师均注意让学生多读书，进而提高学生的自学能力。朱自清在开设“中国文学史”这门课程时，制定了一项学生定期写作读书报告的制度，以督促学生们切实有效地进行课外阅读。而对每一篇读书报告，他都要从头至尾、逐字逐句地认真批改。〔2〕清华学生在介绍社会学系课程内容时也提到，“由教授指示许多参考书籍，使选习者不致目光狭小，只拘于讲授者的意见，或偏于一派的理论”〔3〕。从中可以看出在清华社会学系的教学中，教师提供参考书单，以便学生课下自学的现象十分普遍。“西洋通史”一课的教师刘崇鋐还会根据学生的水平，在掌握了课上的基础知识之后，为学生介绍不同程度的书籍。学校图书馆为方便学生找书，还会将老师推荐的参考书提前找出，放在阅览室的书架上，供学生自由选读。

探究性教学的目的即要培养学生的学术研究能力，而学生自学能力的培养有助于锻炼学生今后独立从事科学研究的能力。学生在学校学会了如何学习，在今后科学研究过程中

〔1〕 李埏、李伯重：《良史与良师：学生眼中的八位著名学者》，清华大学出版社 2012 年版，第 34 页。

〔2〕 李宏主编：《北大逸事》，辽海出版社 1999 年版，第 267 页。

〔3〕 紫珊：《清华社会学系的断片》，载《清华周刊》1934 年第 41 卷第 13、14 期。

即可独立学习新的知识，解决新的问题。

五、科学合理的教学原则

（一）启发式教学

启发式教学一方面可以引发学生对学术的兴趣，使其专注于课堂知识，另一方面则可以促进学生对理论知识深度思考，从而培养学生的思考、探究能力。

钱穆讲上古史的相关内容时，与传统按时间顺序讲不同，他是先讲战国，再讲春秋，然后讲西周，结合史实倒着讲。他认为先讲战国是因为战国史最精彩也最难讲，如果能先把战国史讲好，不仅有利于调动学生的学习兴趣，而且还有助于学生对再往前走的史实的理解，而这种讲课策略也确实受到学生的欢迎。钱穆在讲秦汉史时，主要是向学生阐发一些自己对历史事件的看法、分析，从而将历史讲活，而不是讲一些生硬的、记忆性的知识点。特别是在历史人物评价方面，他采取“不以正统论是非，不以成败论英雄”的态度，往往不乏自己的独到见解，如在对西汉史的讲授中，他对王莽的评价就与他人的不同，在课堂之上，他就直接指出并不是由于外戚势大而造成的王莽代政。在提出论点之后，他进一步向学生阐释了论据：西汉二百多年以来面临的最大问题是“豪族兼并、贫富不均”，这期间不断有儒者站出来强调这一问题的严重性，但是西汉历任皇帝，实在是少有能注意到这一问题的，故而也没有采取措施加以解决。只有王莽意识到了这一问题，他希望通过改革来解决这个问题。由此他得出结论，称王莽为“当时一杰出之人物”〔1〕。

坚持这样的讲授方式，在钱穆看来，不仅利于启发学生的创见，引导学生从不同角度思考问题，同时也能扩大学生的知识面。

要培养学生的探究能力，首先要让学生学会提问题，通过不断地追问，深化理解。金岳霖讲课也善于引导学生要多思考，学生乔冠华回忆老师金岳霖时道：“从某种程度上来说，是金老师让我养成了多思考的习惯，不盲目听从他人的话，也不要坚信书上所谓的真理，对待任何事都要经由自己的脑子仔细思虑一番。”金岳霖上课时先问学生有没有书，然后让大家翻到书的某一章某一页。待大家看完之后，他就问：“你们看完了书有没有什么问题想问的？”话音落后讲台下五十多名学生都默默低着头无人应答。他说：“既然都没人说话，是不是都认同书上说的话？”还是没人应声。他又说：“是就是，不是就不是，怎么不讲话？这本书一开头说了这么多，主要思想就是说人类的知识是从感性来的这一结论是很明显的。你们觉得这是很明显的吗？你们想一想是不是？人类的知识是从感性来的吗？‘2+2=4’这是从感性来的吗？”他接着说：“同学们，我希望以后你们在看书的时候，尤其是看到谁谁说什么是很明显的，你要冷静思考一下，问问自己是不是真的很明显，这些地方往往最容易发现问题。”〔2〕正是课上教师积极引导学生进行深入思考，培

〔1〕 鲁建文：《过去的那些教授》，广东人民出版社 2017 年版，第 27 页。

〔2〕 民国文林编著：《细说民国大文人——那些思想大师们》，现代出版社 2010 年版，第 16 页。

养了学生独立思考能力，为学生今后独立从事学术研究打下基础。

（二）理论联系实际

理论联系实际的教学原则一方面有助于学生对抽象理论的理解，另一方面加深了学生对理论应用于实际的认识，从而可以让学生更好地应用理论解决现实问题。

陈岱孙在《经济系概况》中说明了经济系课程设置的原则，即要予修习者以经济学科概括之观念，使其于理论方面，有确切之基础；于我国实际状况，有相当之了解。总之理论、事实及技术三者兼重，乃本系培植人才之主旨。[1]吴有训在代理理学院院长和物理系系主任期间曾强调，物理系的课程无论难度是低还是高，都要注重实验的应用，以此培育学生解决问题的能力，这样才可以克服教学中虚空的弊端。这一教育理念在当时科学尚不发达的国内是十分先进的。比如生物学系以实验生物学为主要发展方向，物理学系比较注重实验物理，地学系比较注重野外实习及气象观测，心理学系则是以美国实验心理学派的思想为指导。各学系还竞相利用清华经费宽裕的优越条件，努力建立与扩充实验室，还为实验室配备了先进的仪器设备，开设了许多实验课程。各学系在教学中，都比较注重实验的作用。物理学系规定学生所修实验课学分，不得少于理论课的二分之一。化学系所开的 20 多门必修课程中，也只有“生物学”等两门课没有实验。对学生做实验的技能训

---

〔1〕 刘国生主编：《从清华走出的教育家》，内蒙古文化出版社 2008 年版，第 30 页。

练和实验报告的写作等都较重视，要求也较严格。

吴韫珍在教学过程中一向注重理论联系实际，教学内容的选择也是以本国或者本地区植物作为研究对象。他所讲授的“植物分类学”一课，以德国植物学家恩格勒提出的恩格勒分类系统为理论基础，而他所选择的研究对象则以我国北部及本地区的植物为主。“禾本植物学”一课是以河北省的禾本植物作为观察对象，着重讲授华北地区禾本植物诸属的分类。“植物形体学”一课讲授了四种植物的外形、内部构造及个体发育，所用标本也是在我国收集采摘的。“经济植物学”一课则以北平地区之食用、木材、药材和观赏植物等为主要内容。〔1〕

理论联系实际的教学原则还能活跃课堂气氛，培养学生对抽象知识的兴趣。逻辑学的知识晦涩难懂，距离大家生活较远，学生学起来也是困难重重，张申府开设此课，却将其讲得生动有趣、深入浅出。清华学子在《清华周刊》上记录下了张先生讲课的精彩画面：

> 逻辑是命题之学，是讲形式或是法模之学，是所有科学的科学……如天雨，则地湿，那么天雨就含蕴地湿。天雨了，必定地湿，地湿了，不一定天雨，也许是清道夫浇过了水。〔2〕

通过将哲学原理与生活实际相结合，使学生更易于理解

〔1〕 清华大学校史研究室编：《清华人物志》（二），清华大学出版社 1992 年版，第 65 页。

〔2〕《团体新闻》，载《清华暑期周刊》1935 年第 10 卷第 7、8 期。

枯燥难解的理论。除此之外，张申府还会依据教学的内容，结合生动事例，跟同学们“闲聊”。自然，“闲聊”也不仅仅局限于具体，还会适当上升到理论层面，由浅入深，用学生先前不理解的理论分析学生理解的事实，这样的讲授方式牢牢抓住了学生的心，让他们在轻松听课的状态下实现知识的扩充。〔1〕金岳霖讲课同样会举一些实例帮助同学们理解抽象的理论。他讲“知识论”一课时，为了帮助学生区分开“知识”与“认识”的关系，指着坐在他对面听课的同学说：“你不承认我的存在，我就坐在你的面前，你把我怎么办?”因此，人们对某事物可以有一定的知识，却不一定认识它。〔2〕

在清华，无论是文科教师还是理科教师，都注重理论与实际相结合，从而帮助学生理解抽象的理论知识。教师通过举实例、做实验等方式将理论应用于实际，使得学生对抽象的知识有了更为深刻的理解。对课堂知识的理解是学生踏上探究之路的起点，因为在理解了理论之后才能更好地运用理论解决问题。

六、师生平等的课堂话语权

正如前面所说清华大学秉持思想自由的理念，学生的观念得以自由表达，学生的独立思想由此得到培养，这种思想

〔1〕 清华大学校史研究室编:《清华人物志》(二)，清华大学出版社 1992 年版，第 75 页。

〔2〕 刘培育主编:《金岳霖的回忆与回忆金岳霖》，四川教育出版社 1995 年版，第 149 页。

自由的理念在课堂之上则表现为师生平等的课堂话语权。

潘光旦在教学方面，一贯反对灌输式，主张“自发自动自求自得”的启发式。他指出教育青年要“顺其自然，因其固有，不顺其自然是戕贼，不因其固有则徒然”〔1〕。潘光旦喜欢在课堂上让同学们自由发表意见、提出疑问，为了让学生有时间在课上发言，他每周还要特意安排一两个小时的课上讨论。在学生发言时，他总是面带笑容地仔细聆听，假如说得头头是道，他便连声“是！是！”表示同意；如果发言有不合逻辑的地方，他就条理清晰地加以解释或讨论，直到学生都理解为止。他认为这样可以锻炼学生的口才和思维能力。〔2〕吴宓开设“中西诗比较”一课，他对这门课的介绍是：教师要将他在平日读书作诗过程中所收获的经验，传授于学生。且教师之所得，亦愿述说，以期与学生一同探讨交流，目的是在交流中收获真理，而解决文学人生切要之问题。同时为了达到更好的交流效果，他还对学生提出以下要求：修习本课程的学生，均须参加课堂上的讨论，还要在课下提前阅读相关书籍或诗作。〔3〕从中可见吴宓对学生在课上能与教师平等发表意见的重视程度。

清华学子在思想自由的学术氛围下也敢于自由发表与教师不同的意见。赵万里讲授“版本目录学”一课，在讲到某一本罕见的书时，颇有些自傲地说：“这一版本的书只有我见

〔1〕 潘光旦：《自由之路》，群言出版社 2014 年版，第 159 页。

〔2〕 何威、徐晨亮主编：《清华名流》，长江文艺出版社 2002 年版，第 193 页。

〔3〕 王泉根主编：《多维视野中的吴宓》，重庆出版社 2001 年版，第 515～516 页。

过。”课后，两位同学——钱钟书与吴晗却说他们见过另外的版本，和赵老师讲的不一样。后来赵万里知道了这件事，却并未生气，还将原本计划由自己来讲的专题，留给吴晗和钱钟书，让他们去讲，同学们也都纷纷对赵老师宽宏的气度表示叹服。[1]

在授课时，金岳霖把学生看作和自己同等地位的人，他能够鼓励和容纳学生不同的见解。王雨田回忆说：“金先生的讲课是讨论式的，不是填鸭式的，他边讲边提问，师生之间不时展开热烈的争辩。”金岳霖能够放下教师的权威，听取学生的意见。

自由独立地追求真理是教育得以发展、学术得以进步的先决条件。教师不以高高在上的学术权威形象示人，尽管有的教师已闻名遐迩，他们却总以春风般的温暖、清泉般的爽亮、海洋般的包容，滋润着一届又一届的学生，在莘莘学子心中播下理性、平等的种子，期待将这些学术苗子培养成新的学术高峰。师生平等话语权的建立给了学生在课上自由发言的勇气，学生得以在课上自由表达自己的观点，平等地与老师进行学术探讨，在这一来一往的学术交流过程中，学生自然地走上了学术探究之路。

〔1〕 李洪岩：《钱钟书与近代学人》，百花文艺出版社 2007 年版，第 25 页。

第三节　清华大学课堂教学对学生智性生活的塑造

一、智性生活的弥散性

（一）师生课下的智性游谈

清华学生们积极求学，下课后对不懂的问题勇于追着老师提问。老师出了教室，仍有学生追着与老师边走边谈，直到走到校门目送老师上了车才停止追问。由此可见清华学子积极的求知之心。何炳棣在清华求学时期也经常向吴宓请教治学的步骤、方向及读书概况等问题。他还去吴宓教授家，和吴宓谈自己的"治学计划"，从早上八点一直谈到晚上十点半才离开。[1]何炳棣经常困惑于英语应该达到何种水平，就此向潘光旦教授请教。潘光旦为其订立了一个衡量英文是否"够用"的标准，即①写作的时候是否能直接用英文想？②写作时是否能有"三分随便"（"随便"即游刃有余的意思）？[2]这一标准也成为以后何炳棣治学生涯中检讨自己和窥测海外华人英文水平的办法。

学生们在课上所产生的对于学术问题的积极思考，在课下生活中得到延续。清华教师对于教书育人具有强烈的使命感，因此他们十分欢迎弟子们的课下请教。潘光旦欢迎学生有问题向他请教或讨论，在他家，他接待学生十分热情，一

〔1〕 何炳棣：《读史阅世六十年》，广西师范大学出版社 2005 年版，第 102 页。
〔2〕 何炳棣：《读史阅世六十年》，广西师范大学出版社 2005 年版，第 182 页。

位学生回忆说："在他的书室里，你可以看到满屋堆着的书籍杂志，其中大部分是家谱。倘若你心血来潮，要看看你过去祖宗的名气，他会很和悦地原原本本地搬出来指点给你看。"在讨论过程中，他表现得十分民主和耐心，不急不躁，不愠不火。〔1〕金岳霖喜欢和学生们在一起，故而学生也就常常无拘束地跑去他家举办学术沙龙，并亲切地为他的寓所起名"光棍司令部"，学子们聚在"司令部"或畅谈人生，或交流学问，其乐融融，好不畅快。〔2〕学生在追随教师探讨学问的过程中，还会收获一些在课上学不到的知识。跟陈寅恪在一起，随时都是课堂，随地都可能有收获。陈寅恪自己喜欢喝葡萄酒，有时也会请自己的学生到家中喝葡萄酒，在品酒时借分析各国文字的演变，竟把葡萄酒的流传历史给学生讲得一清二楚。有些学生把课余听到的这些东西记下来，居然攒了满满好几本笔记。〔3〕

教师在课堂之上所产生的学术魅力也吸引了学子课下请益。钱穆讲课思如泉涌，没有一句题外话，他的课堂总是能够吸引很多学子前往。再加上钱穆对待学生和蔼可亲的态度，给了学生好问决疑的勇气，学子们常常趁着老师没课之时到其宿舍探讨学问。教师宿舍受物质条件所限，面积不大，却总是挤满了请教的学生，刚出去几个，马上又进来一批，常常往来不断。钱先生却丝毫没有疲惫烦闷之相，令往来者都

---

〔1〕 吕文浩：《潘光旦图传》，湖北人民出版社 2006 年版，第 87 页。

〔2〕 潘剑冰：《民国课堂：大先生也挺逗》，广西人民出版社 2013 年版，第 45 页。

〔3〕 潘剑冰：《民国课堂：大先生也挺逗》，广西人民出版社 2013 年版，第 112~113 页。

收获满满。[1]

钱穆平日喜爱旅游，外出时常有学生跟随左右，学生在从游过程中也能借机请教。在与学生同游曲阜孔府时，有学生提出疑问：孔家并不算是官家，为何竟然享受封建社会贵族等级的生活。于是，钱穆便向诸生解释道："尊孔是为了让当时统治中国的外族人知道中国也有此等厉害的人物，从而不敢轻视中国人。如今你们却觉得尊孔是由帝王所起，从而方便他实行专制。你们现在读一读碑碣，看看究竟是为何尊孔的？游历就如同读史，而且是一部鲜活的历史。司马迁年幼之时便游历祖国大好山河。你们经过此次游历，回去后再去读一读《史记》，就可以有与之前不同的体会了。"[2]学生李埏之前常与同学讨论一个问题：对待自己本国的历史应当葆有一颗敬爱之心，这一说法用在盛世当然可以说得通，但是当国家处于衰乱之世呢？也同样适用吗？在李埏陪钱穆游滇中石林时便趁机向先生请教了这一在心中存疑许久的问题，先生遂乘便指教他，让他治专史的同时不可忽视通史，应通专并进。[3]1939 年，钱穆因家中有事告假回家，后又受其他大学邀请，讲学于其他地方。在这期间，李埏也没有中断与老师的联系，多次给先生写信请教问题，来来回回共收到十多封信。通过书信的方式，钱先生对其史学研究进行了

〔1〕 李埏、李伯重：《良史与良师：学生眼中的八位著名学者》，清华大学出版社 2012 年版，第 50~51 页。

〔2〕 钱穆：《八十忆双亲・师友杂忆》，生活・读书・新知三联书店 1998 年版，第 149 页。

〔3〕 李埏、李伯重：《良史与良师：学生眼中的八位著名学者》，清华大学出版社 2012 年版，第 53 页。

指导，还向其推荐参考书如《续资治通鉴长编》与自己的著作《国史大纲》，在研究方向的选定方面也给予了许多建议，告诫他治史不可眼界过窄，如果想研究宋史，那就一定要懂得宋儒学术，如果想在国史研究方面取得成果，更加不可不专心研究先秦及宋明儒学。〔1〕。

学生在课下自主学习中也会遇到一些难解的问题，循着这些问题向先生请教时，又能在其他问题上得到启发。何炳棣向刘崇鋐叩门请教，刘崇鋐在解答疑问时为其推荐了几本相关书籍。何炳棣读了其中的《上古世界》和《古代近东》后，即觉得“眼界大开、趣味无穷，内心已在考虑是否应改修历史了”〔2〕。

（二）学生之间的学术交流

学生的学术思考在课下得到延伸，心中有疑时可以向老师请教，但是由于学生之间接触的便利性，更多的课下学术交流发生于学生之间。民国时期的大学生思想独立性较强，正如日本留学生吉川幸次郎在回忆录中所写到的，“学生们说了不起也真了不起，他们听老师的课好像只是把它当作一种参考来听，而自己另有自己的想法，老师的说法只是一种参考，确实有这样的风气。”〔3〕学生之间独立的思想就很容易碰撞出创新的火花，在《清华周刊》上往往能够看到两个

〔1〕 李埏、李伯重:《良史与良师：学生眼中的八位著名学者》，清华大学出版社 2012 年版，第 57~59 页。

〔2〕 何炳棣:《读史阅世六十年》，广西师范大学出版社 2005 年版，第 60 页。

〔3〕［日］吉川幸次郎:《我的留学记》，钱婉约译，中华书局 2008 年版，第 80 页。

学生就一个问题发表文章表达观点进行辩论的场景。如张敷荣与张昌圻就文化所展开的讨论，两人在《清华周刊》上发表了三篇文章，讨论了几个方面的问题，包括：文化的定义、对于东西文化的见解、物质与精神是一元还是二元、东西文化的差异、文化演化的定律。[1]

学术辩论是学术发展和进步的重要环节，只有充分地交流彼此的学术观点，才有可能取得更大的学术拓展空间。1936 级土木工程系学生王忠汉说："系中同学分别组成二至八人的研究小组，彼此讨论功课，互争长短，读书风气鼎盛。"[2]钱穆的通史课程一直广受学生欢迎，《国史大纲引论》在昆明《中央日报》上刊布后，学生们争相抢购，一些同学未能买到，只好借来抄。阅读之后大家还常常聚在一起交流读后感，当时昆明的小茶馆常常能看到清华学子围坐一桌热烈交流的场景。如此激烈的交流场面会持续数日，大家就各自感兴趣的内容自由交谈，学生之间的学术讨论好不热烈。[3]那个时代的学生把纯粹的知识探究当成自己的事业，把枯燥的而不能当下实用的学术追求当成一个严肃的理想。

学生在批判他人观点的同时，对于自己认可的观点也会发表赞赏的文章，这也充分体现了大学思想自由、兼容并包的风气。北大学生卞之琳于 20 世纪 30 年代出现在诗坛，此

---

〔1〕 弘伯：《再复张君敷荣论文化问题书》，载《清华周刊》1930 年第 34 卷第 2 期。

〔2〕 苏云峰：《从清华学堂到清华大学（1911—1929）》，生活·读书·新知三联书店 2001 年版，第 141 页。

〔3〕 李埏、李伯重：《良史与良师：学生眼中的八位著名学者》，清华大学出版社 2012 年版，第 53 页。

后其新诗不断发表，作品也自然受到更多人关注。清华学生在《清华周刊》上刊登了一些卞之琳的诗作，也有学生发表文章对他的作品进行介绍与点评，如1933年殷乃发表《卞之琳“三秋草”》，李长之发表《卞之琳诗集“三秋草”》。殷乃对于卞之琳的诗十分欣赏，认为卞先生擅用复句，诗歌具有音节的美，还对他的诗歌特点进行了点评，将他的诗歌在句式与表达感情两个方面与李清照的《声声慢》相对比，认为卞之琳的诗歌更加“愉快清新”，不似李清照的诗歌读后令人有凄然之感。

清华学子们在通识教育理念的感染下，往往培养了多方面的兴趣，这也就扩宽了学生们交流的范围。吴晗在学问之外爱好写诗，常与“诗友”钱钟书交流。吴晗曾在《清华周刊》上发表《感事》诗，讽刺南京国民政府对日本侵略的不抵抗，并请钱钟书指教。钱钟书则回赠一首七绝称赏吴晗：“精研博综一身兼，每读高文意不厌；余事为诗亦妙绝，多才多艺太伤廉。”〔1〕

从学生之间多样的学术交流中，可以看出学生所拥有的强烈的学术热情，这种学术热情既有由爱国热情转化的，也有受教师学术魅力影响所产生的。

二、智性生活的自主性

（一）投入书海的如痴如醉

大学生们在课上接受了教师多读书的教导后，怀着对知

〔1〕 黄延复：《清华逸事》，辽海出版社1998年版，第213页。

识的渴望，在课下积极寻找与课上教学内容相关的参考书，或是自己感兴趣的其他书籍，如痴如醉地投入书籍的海洋之中。学校图书馆的书籍数量有限，往往在清晨就会看到学生排队准备进入图书馆抢书的场景。正如清华学子在《清华周刊》中所描述的场景：图书馆在未开放前，门首已布满了人；或明弃前门而暗渡侧门，以期捷足先登。迨忽铃声一响，则蜂拥而进，手快的先将书拿到手，笨伯们空叹口气。[1]图书馆前的草地上也留下了学生抢书的痕迹，有些学生急忙从寝室出来赶到图书馆，距离图书馆开门只剩下几十秒甚至十几秒的时间里，学生们为走“捷径”，便在图书馆前的草地上踏出了一条小路。

民国时期清华大学的讲课资料大多为学校印发讲义，教师在课堂上为学生介绍相关的参考书籍。学校为方便学生取书、看书，规定图书馆的管理人员要把教授们开的参考书从书库里取出来放在书架上。

大学图书馆是学生看书学习的主要去处，平日里图书馆经常是“座上客常满”。从图书馆的上座率之高及满座速度之快可以看出清华好学者之多。“图书馆是七点半整开门，大概在七点二十五分……图书馆的大门前，便发现人迹了；在这五分钟之内，人数愈来愈多，团团地围住了两扇铜门。如若是在大考的时候，那么门前的鹄候者，可达到百人以上。远远的铜铃声，报了七点半已经到了，大门内的锁一开，门外的群众，立即涌入，……有一会儿的工夫，全馆二三百个

---

〔1〕 锋：《清华生活一瞥》，载《清华周刊》1931年第35卷第11、12期。

座位，也就差不多全被占据了。你若是等到图书馆开了门才慢悠悠过去，估计找到座位的可能性就很小了。"[1]"到了晚间，即便室外天已昏黑，满目珠玑的书架间，仍然站满了读者，静静俯首于书间，手不释卷，常常一夜甚至一天的时间都消耗于其中了。学生们在图书馆学习并不仅仅是为了完成课上的任务，他们还会根据自己的喜好选择书籍进行阅读。有的看线装书，有看洋装书；有的坐在中文阅览室，有的在西文阅览室，大家都是静默无声……下午一点钟前后，新闻阅览室里挤满了阅报者，有的留心国家大事；有的专喜欢看副刊……有的专看汉文报，有的非西文报不看，有的中西汇通兼而有之。"[2] 如果不是对学术研究真正葆有一颗热情、纯粹之心，清华的学生们怎么会对书籍产生如此的热爱？

（二）社团活动的丰富多彩

大学中的社团生活丰富多彩，社团活动将不同院系但兴趣相投的学生聚集到一起，大家可以相互切磋、取长补短，提升了学生的组织能力、动手实践能力、知识运用能力。学生们为了扩充自身的知识，积极组织各种学术活动，为了在课下能更多地学习专业知识，清华大学学生社团还邀请了一些校内、校外的学者作专题演讲，如请周作人演讲"新文学的过去"，请刚从山西调查归来的梁漱溟讲"山西村制"等。学校周刊还会将演讲前的通知、演讲后的情况及演讲内容等发布于期刊上，使不知消息的同学可以前去学习，使未能前

---

〔1〕 紫丝：《清华生活的一斑》，载《清华周刊》1931 年第 35 卷第 11、12 期。
〔2〕 锋：《清华生活一瞥》，载《清华周刊》1931 年第 35 卷第 11、12 期。

去听演讲的同学从周刊上也可以了解学习。

由清华学生创办的《清华周刊》是学生自由发表学术观点的平台，在清华改办大学后发表的首篇文章便说道，“清华周刊的目的是要使清华校内外的同学能互相了解、互相切磋，以促进其学业的进步，至最低限度亦可以说成是清华同学所用以练习作文的工具。”[1]《清华周刊》所收录的文章范围十分广泛，哲学、社会科学、自然科学都包括在内，使各个专业的学生都能在上面自由发言。

不同专业的学生还会创办与自己专业相关的学生社团，组织团员进行学术活动，如清华大学心理学会开展翻译心理学名词活动，该项活动对我国心理学界具有较大贡献。清华大学政治学会则组织出版了一种定期刊物——《政治学报（北平）》半年刊，稿件内容分著作、译述与书报介绍三大项。因为教授见识广、经验多，学生们还特意邀请蒋廷黻、刘崇鋐、王化成等教授发表文章介绍新版书籍，这些教授不仅仅包括政治学系教授，还有经济、法律、历史等他系教授。该版面专请教授撰文是想起到在课外指导学生的补助作用，从而加惠于青年读者。[2]

在学校南迁昆明途中，一些爱好诗歌的学生还创办了南湖诗社，大家聚在一起讨论作诗、评论古今诗人的诗、研究新诗。即便生活变得艰苦，仍未阻挡清华学生主动追求学术之心，学生主动探求学术的热情之火丝毫没有减灭。

---

〔1〕 香灵：《清华周刊的新生命》，载《清华周刊》1928 年第 30 卷第 1 期。

〔2〕 木公：《政治学会筹备出版政治学报半年刊》，载《清华周刊》1930 年第 34 卷第 5 期。

这些学生自发组织或邀请教师参与的社团活动体现了民国时期清华学子们主动求知的热情。正是有一颗颗积极探求知识的心，校园的学术活动才会遍地开花。

（三）关心校事、国事的积极主动

清华学生所创办的进步刊物《清华周刊》作为学校的舆论阵地，不断为学生提供有关国家的相关新闻消息，国内新闻主要包括政治、军事、外交、党务、社会五个方面。1928年《清华周刊》登载了一篇《拟刊边疆问题专号启事》，发表该文是为了征集更多有关边疆问题的文章，从而唤起同学对边疆问题的注意。在1928年该文作者已经关注到帝国主义列强对我国边疆的虎视眈眈，“各个所谓的强国，到你没有戒备的时候，恐怕就要来请你尝尝他刀锋的滋味。……一只羔羊，当它受人类的残杀而哀求生命有同等价值的时候，你将怎样去回答他？朋友，‘各不相犯的一句话’，是双方都讲才有意思，假使单是一方面的请求，那和单相思一样的可笑。”〔1〕吴晗以笔名西生发表文章《过去种种》，文章细数日本侵略者及国民党反动派的丑陋行径，字里行间充斥着对这些现象的愤懑。〔2〕1932年吴晗又发表了《感事》诗，诗中对前线战士表达了赞扬之情，如“阴风起地走黄砂，战士何曾有室家”即是。同时也痛斥了置百姓的生死于不顾的反动政府和投降派，指责国民党“缓带轻裘事管弦”〔3〕。其他相关文章还

---

〔1〕《拟刊边疆问题专号启示》，载《清华周刊》1928年第30卷第6期。

〔2〕西生：《过去种种》，载《清华周刊》1932年第37卷第2期。

〔3〕伯辰：《感事》，载《清华周刊》1932年第37卷第5期。

有《一九三三年之国际与中国》《陕甘局势与三中全会》等。

从学生当时的毕业论文中也可以窥见学生时刻关心国家发展之心。1930级毕业生王维显在毕业论文《中东铁路的概况及其由来》中警醒大众，不能仅仅沉浸于“九一八”的痛苦之中，还要警惕中国被再次侵略的危险，于是希望以中东铁路为例引起人们注意，提醒人们不应只关注眼前日本这个近敌，还要提防苏俄势力，要有长远眼光。[1]论文中体现的是一种毋庸置疑的为国担忧之情。

受社会现实与教师爱国热情的感染，清华学子们主动将自己的学术研究与救国联系到一起，形成了一种积极的双向互动，爱国热情促使学生积极进行学术研究，针对祖国现状所写的文章又进一步唤起了大众的爱国意识。

（四）跨系旁听课程

学生课下进行学术研究的自主性促使他们并不满足于学校课表所安排的课程，他们自由选择旁听其他感兴趣的课程。因此一些知名学者的课堂常常高朋满座，其充满着知识光芒的课堂吸引着校内、校外各系的学生前来听讲。西南联大时期，闻一多讲的“古代神话与传说”一课十分受学生欢迎，上课时教室里里外外都是人，工学院学生不怕辛苦穿过昆明城也要赶去旁听。[2]

清华大学给予了学生充足的自由，学校所开设的一门课

---

〔1〕葛兆光选编：《学术薪火——三十年代清华大学人文社会学科毕业生论文选》，湖南教育出版社1998年版，第4页。

〔2〕汪曾祺：《生活，是很好玩的》，江西人民出版社2016年版，第297页。

程往往会请几位研究该领域的学者同时讲授，学生们也可以根据自己的喜好自由选择老师听课。经济系学生需必修“中国通史”一课，张友仁不喜授课老师的资产阶级史学观点，于是常和一些同学去吴晗老师的课上旁听。由于吴晗讲的“中国通史”史料详实、分析透彻，观点别有新意，提高了张友仁学习历史的兴趣，于是，他在下学期又去旁听了吴晗开设的“明史”一课。[1]学生不在外力强制作用下，仍积极选择符合自身兴趣的课程学习，正是学生学习主动性的体现。

三、智性生活的独立性

（一）批判权威的学术思辨

清华学子受到校园文化及教师们的感染，形成了独立思考的习惯，对于学术问题能够坚持自己的思考，不因发言者的权威性而盲目服从。钱钟书在清华读书期间，批驳北大教师周作人的《中国新文学的源流》，他认为“五四运动”以来的文学革命运动，在趋向与主张上，不仅像周作人所说的那样与明末公安、竟陵二派相合，而且与唐宋时韩柳、欧梅相合。在行文中，他也附带地批评了苏雪林的《文以载道》一文，还提到了胡适和鲁迅。《近代散文钞》是由沈启无汇集，周作人作序，俞平伯作跋，于1932年出版的一部明末清初小品文集。钱钟书指出“近代”一词未免是个“招惹是非的名词”，因为它照理“不仅含有时代的意思，而且指一种

〔1〕 夏鼐、苏双碧等:《吴晗的学术生涯》，浙江人民出版社1984年版，第47页。

风格”，正如他在《谈艺录》开篇所说的那样，“唐诗、宋诗亦非仅朝代之别，乃体格性分之殊”。然而，如果它标志着一种风格，而具有这种风格的作品却不仅存在于近代，因此，选文局限于近代就不适当了。接着，他还对比了正统文与小品文的区别，并在结尾处道，小品文作家不免是“没落”的作家了。[1]

清华大学史学系学生李峻之勤学善思、笃学嗜书，在清华大学求学期间担任《清华周刊》的编辑，并于《清华周刊》上发表过多篇学术性文章。在李峻之研究周初民族间的移动问题时，偶然看到了钱穆先生在《燕京学报》上发表的《周初地理考》一文，李峻之根据自己的思考大胆对该文提出了质疑，并于1932年在《清华周刊》上发表《评钱穆先生周初地理考》一文。李峻之认为钱穆先生关于“古史地名，皆由民族迁徙，递移递远”[2]这一结论有待商榷，并于文中说明了他的观点。钱穆先生十分爱惜人才，面对学生对自己文章的反驳十分从容，还夸赞李峻之“气静心细，好学向上，苟天假之年，必能有成”[3]，随后也于《清华周刊》上对李峻之的质疑进行了回应。李峻之的好友吴晗同样具有批判性思维，于1934年《清华周刊》发表《胡应麟年谱》一文。他写作该文是为了探究胡应麟的年龄，他发现对于胡应麟的存年有两种看法，一个观点是顾颉刚的，其认为胡氏

---

〔1〕 爱默：《钱钟书传稿》，百花文艺出版社1992年版，第57页。

〔2〕 李峻之：《评钱穆先生周初地理考》，载《清华周刊》1932年第37卷第5期。

〔3〕 钱穆：《重答李峻之君对余周初地理考之驳难》，载《清华周刊》1933年第39卷第8期。

寿终于六十以上，另一个观点是吴之器在《胡应麟传》里提到的，其说胡应麟卒于五十二岁。吴晗为了考证这一史实，找了许多与胡应麟相关的书籍，并对这些证据按时间顺序进行梳理、对证，最后证实吴之器关于胡五十二岁的结论是无误的〔1〕，由此否定了顾颉刚的判断。对于这类学生点评教师研究成果或著作的文章，在清华大学的期刊上并不少见，类似的还有郝庸《评张映南先生的社会法学的理论》、楚潜《评刘半农先生的茶花女译本》、李长之《从陈桢普通生物学说到中国一般的科学课本》等文章，清华法学系教师张映南也发表《答"评张映南先生的社会法学的理论"》一文对郝庸进行答复。

学生敢于在公开出版的刊物上发表与当时的学术权威，甚至与自己的亲授教师不同意见的文章，证明其平时的思考路向不为权威所束缚，能够根据自己掌握的资料去亲自证明、判断观点的正误。

（二）开辟新途的学术路向

学生在课上、课下所培养的独立的思考能力，使其能够独立进行学术研究，在继承了教师的研究思路与研究方法后，进而发展出不同于教师的学术路向。就读于清华中文系的林庚喜爱诗歌，林庚的诗歌创作是从古典诗词入手，这其中又以词创作为主。"这有一个原因，那时我在听俞平伯先生的课，俞先生讲词，每次讲完，就让学生练习填词。"林庚早

〔1〕 夏鼐、苏双碧等：《吴晗的学术生涯》，浙江人民出版社 1984 年版，第 24~25 页。

期的词作《减字木兰花慢》就是属于比较典型的“非线性文法”的词作，完全响应了俞平伯评价温庭筠所谓“杂置一处”的观点。全词没有勾连的成分，句子与句子之间跳脱了直接的关系。查阅林庚早期的其他词作，可以发现他也基本遵循这样的创作理念。可以说，早期词作是林庚诗学理论的实践。在短暂地尝试了古诗词创作之后，林庚进入了新诗创作的领域。之所以转向新诗创作，他说是因为旧体诗已经蜕化为消遣的工具。[1]他的第一部新诗集《夜》，诗集最初的几首诗歌《风雨之夕》《朦胧》等都是“非线性文法”的诗歌，但从《夜行》开始，包括《别后》《洗衣歌》《破灭之歌》等都是典型的“线性文法”，整部诗集更多倾向于“线性文法”。[2]从中可以看出林庚在继承了俞平伯的创作理念后，又发展出了不同于师的诗歌创作风格。

清华大学哲学系毕业生沈有鼎作为金岳霖的学生，在逻辑学研究上展现出了青出于蓝而胜于蓝的成就，成为国内外著名逻辑学家，也是国内开创数理逻辑研究的先驱。[3]

四、智性生活的继承性

学生的学术生活既要开拓创新又要继承传统，清华多年来形成了优良学风，教师对学子的教导都在学生的治学生涯中留下深刻印记。学生的学术发展，不仅要依靠独立思维对

〔1〕 林庚：《林庚诗文集》（第9卷），清华大学出版社2005年版，第244页。

〔2〕 谭梅等：《中国现代新诗抒情方式研究——以林庚、穆旦为中心》，四川大学出版社2014年版，第114~116页。

〔3〕 中国社会科学院哲学研究所逻辑室编：《摹物求比：沈有鼎及其治学之路》，社会科学文献出版社2000年版，第427页。

传统进行批判，还要如清华倡导的思想自由、兼容并包思想，不断吸纳有益的治学方法、治学理念等。

学生跟随教师做研究，教师所关注的学术领域自然也会吸引学生的关注。从毕业论文的选题最能明显地看出教师对学生学术研究方向的影响。葛兆光分析了清华大学 20 世纪 30 年代学生的毕业论文发现，当时清华社会学系学生的论文选题，大多跟随潘光旦先生的研究方向，以行为遗传学作为研究对象。王忠师从陈寅恪先生，他的毕业论文讨论的是安史之乱前后文学演变问题，从文章的选题到写作思路，从所引用的资料甚至到文风，都处处可见陈寅恪先生的影子。〔1〕

朱自清在主持清华大学中国文学系期间确定的方针是用新观点研究旧时文学，创造新时代文学。作为文学系系主任，朱自清认为新旧文学的沟通是非常有必要的。从游其多年的学生，对于朱自清贯通古今、中西的努力，均表示赞同，且在各自漫长的学术生涯中，给予了很好的呼应。朱自清的学生季镇淮、吴组缃、王瑶、林庚均很好地继承了老师“兼及古今”的志趣。林庚在厦大执教时开设了“中国文学史”一课，发现厦大中文系的课程偏重于旧，但学生们往往想听一些新时代文学的内容，林庚在撰写讲义时，定下了沟通新旧文学的目标。其谈到古代文学研究时提到：“在研究旧文学的同时，也应注意新文学的研究。因为我们不是古人，我们有当前的时代背景，不能不顾当下，如果我

〔1〕 葛兆光选编：《学术薪火——三十年代清华大学人文社会学科毕业生论文选》，湖南教育出版社 1998 年版，第 10 页。

们连今天自己的东西都不理解，那么，就更难以理解古代的东西了。”〔1〕

第四节　经验与启示：当代大学教学改革的应然取向

一、实施通才教育，培养探究能力

民国时期的清华大学倡导通识教育，与通识教育理念相对应，学校还采取了许多促进学生中西、古今、文理互通的举措。从清华教学理念、教授学识、课程设置都可以看出清华大学兼通的特色。民国时期清华大学的教师大都是在儿时接受了我国古代优秀传统文化的熏陶，进入大学后又有出国留学经历，进一步学习了西方科学文化知识，由此教师具备了中西、古今等多方面知识。在教师的影响下，学生们也走向了通才发展之路。课程设置方面，强调外语能力，培养了学生从事探究活动时搜集资料、了解国外理论成果的能力。

为增强学生思维的多样性，清华大学将课程分为三类，包括全校必修课、各系必修课以及选修课。三类课程目的各不相同，通过全校必修课增加学生的基础知识，促进文理互通；各系必修课则是为增加学生的专业知识所开设的；选修课一方面由学生根据自身兴趣选择，另一方面教师也会给出

〔1〕 谭梅等：《中国现代新诗抒情方式研究——以林庚、穆旦为中心》，四川大学出版社 2014 年版，第 202 页。

些许建议，通过一些选修课程为专业知识的学习奠定基础。清华物理系毕业生胡宁回忆 20 世纪 30 年代的物理系时就提到，化学是他们的必修课。在大二开始选课的时候，吴有训老师还给予了建议，让他在电化学与物理化学中选择一科，除此之外还要在中国文学系选读一科。[1]可见，通才教育的实施为学生智性的开启打下了深厚基础，培养了学生的探究能力。

从清华大学的经验中可以看出，通识教育的理念打通了学生的学术思维，从而使其能从多角度全面地分析研究对象。受地理环境、历史发展等因素影响，中西表现出不同的思维方式，中西知识的汇通，能够帮助学生更完整地看清研究对象。古今也是如此，现代文化对古代文化的继承并不是严丝合缝地线性承接，所谓历史总是不断在重演，这重复出现的状况正是由于现代人没有全面分析前代的经验。历史知识的学习，可以让学生从古人的经历中总结间接经验，在学术探究的路上少走前人走过的弯路。而人文与数理学科则分别代表着不同的思维方式，在从事学术研究过程中，无论是理性逻辑思维抑或是感性思维、直觉思维都是能够从中发挥作用的。理科生学习人文学科，能够从僵化的逻辑思维中抽身出来，避免陷入思维定式；文科生接触一些理科知识，可以培养理性思维及逻辑思维能力。

当前的一些高校中存在功利主义倾向，学生们为“有用”而学，专业课程受到重视，而基础课、选修课则成为

〔1〕 清华大学校史研究室编：《清华漫话》（二），清华大学出版社 2009 年版，第 267 页。

“混学分”的课程。专业教育使得学生在求学之路上越走越窄，想要改变这一现象，从宏观制度到微观意识的改变都任重而道远。而从教学层面来言，学校需要做的是，提高基础课对学生的吸引力，请学识渊博的教授讲授基础课，是实现这一目的的方法之一。首先，博学的学者拥有其自身的学术魅力，在课堂之上对学生的研究兴趣颇有感染作用。其次，教授多年的研究经验使其思路更为开阔，在课堂上与学生交流，对学生思路的开拓也能起到启发作用。

选修课有助于开拓学生的知识层面，是培养通才的必要方式。对于选修课的选择应当适当引导，不应全然放任学生自己选择，也不应全由学校变为必修课。教师既要结合学生兴趣，也要从中进行建议指导，避免学生在学习过程中走弯路。

总之，我们必须明确，通才教育的实施，有助于探究性人才的培养。学生在通才教育的熏染下，接触到了文理、中西等各方面的知识，实现了知识的汇通。通才教育开拓了学生学术视野，有利于学生学术道路的选择，为学生今后学术研究的开展打下坚实的基础。广博知识的掌握，使学生在从事探究工作时，广开思路、旁征博引，从而促进探究能力的提高。

二、研究融入教学，凸显教学的智性含量

民国时期清华大学的教师们积极引进国外的先进研究成果，并不断与中国实际相结合。由于没有现成的教材，教师们只得自编讲义，将课下的研究成果注入课堂教学，这一结

果使得教师对教学内容有了更深刻的理解，在课堂上也就能更为自然地将知识传达给学生。教师所编写的讲义包含着教师的研究心得，学生跟随教师的课堂讲授，也一同经历了一次研究思考的过程。

教师为提高教学水平、丰富教学内容还要继续进行研究，通过课下的研究促进自身知识的更新。身为清华学子且毕业后又在清华兼职的贺麟对此深有体会，他说“教”是发抒心得于人的意思。前辈把他自己的亲自经验、思考的所得传授给后辈，此称为“教”的过程。学有心得，如商之盈余，农之有收获，精神上感到一种充实、愉快、活泼、自由、发展。发抒心得乃是极自然舒畅的历程，如日之发光，如清渠之溉稻。〔1〕“教”是发抒心得，反过来想要自由发抒心得的前提自然是心中有存货，而只有不断进行研究才能使头脑中的知识不断更新，心中的存货才能不断增多。与之相对，贺麟认为“学”是吸收精神养料的过程，贺麟重视教师“教”之前的学术积累，同时“教”的过程中还要持续不断地进行学术积累，他指出：

> 不仅无学问的人不胜任“教”职，而且即使有相当学问而学不进步的人，亦不能对神圣的教职胜任愉快。学校要你教某一门学科，一方面固然是表示你对某一门学科已有相当学问，要你发抒你已有的心得以教人。同时另一方面即是要你对这门学科继续精进，继续研究俾有新的心得，以发抒出来，授给学生，贡献给学术教育

〔1〕　贺麟：《文化与人生》，商务印书馆 2005 年版，第 226 页。

> 界。教更不是像商贾之抛售存货，只是输出旧日蓄积，而毫无新的收获。教的主要目的是不断地精进研究，求学问之日新不已。〔1〕

故教师应通过研究不断充实自身，进而不断充实课堂教学内容。学生在这样的课堂上既学习到了最新的知识，又与教师一同经历了一次学术思考的过程，学术思维能力得到锻炼，为日后独立进行学术研究打下基础。

通过对民国时期清华大学的研究，我们发现教师的科研活动与教学自然地结合在了一起，而这一结合使得清华课堂教学变为展示教师研究活动的过程，教学内容也随之得到不断更新。教师将其研究的思考过程展现给学生，学生在课堂之上与教师一同经历学术的思考过程。这样的课堂促进了学生思维的活跃，引发了学生积极的学术思考，锻炼了学生学术思维能力。

现如今的大学课堂，教师讲课大多对着书本或多媒体设备照本宣科，课堂教学氛围沉闷，教学内容更新速度滞后于知识发展的进程，学生的学术思维在课堂之上得不到锻炼。而将教师的研究成果引入课堂，在课堂之上为学生展现教师的研究思路及研究过程，一方面激发了教师的教学热情，另一方面教学内容也就随之自然得到了更新。教师所讲与其所研是有密切联系的，课堂之上所传授的知识自然也就不再是生硬的，而变得更为生动。教学与研究相结合，使得学生在课堂之上与教师一同经历学术探究的过程，学生的探究能力

〔1〕 贺麟：《文化与人生》，商务印书馆2005年版，第226~227页。

随之也得到了锻炼。

三、增加课堂互动，进行思维训练

钟启泉在文章中提到，学生在课堂上学习到的知识属于“惰性知识”。这种知识是我们所拥有的，逻辑相关但不能运用的知识。[1]课堂对话能够促进知识的“活化”，其意为在对话过程中将知识通过同化或者顺应的方式与原有的知识结构建立联系，从而形成新的概念体。

民国时期清华大学的一些教师如金岳霖、潘光旦、钱穆均十分注意在课堂上通过提问等方式，增加师生之间课上的交流，进而锻炼学生的思考能力。钱穆始终提倡学生先看讲义，崇尚通过与学生自由讨论的方式开展教学。在课堂上，他先讲述自己的观点，欢迎学生设疑问难，互相进行争论。虽不常见学生之间的讨论，但由课堂所引发的学生对于学术问题的积极思考，延伸到了课下学生的生活之中。课上课下师生、生生之间的学术交流对其批判性思维的培养起到重要作用。

当前的高等教育课堂缺乏了这种师生、生生之间的互动对话。整个教学过程基本都是老师在单向传授知识，学生是否接受以及接受程度如何则主要看学生个人的主动性及接受能力。

课堂教学的核心是思维活动，如何通过教学调动学生思考的主动性，是课堂教学应关注的重点。当今高等教育课堂，

---

〔1〕 钟启泉：《“批判性思维”及其教学》，载《全球教育展望》2002 年第 1 期。

尤其是高校所开设的公共基础课程多为大班教学，一位老师面对几十甚至上百的学生。教师在讲台上单线向学生传输知识，而台下的学生则各忙各的，师生双方缺乏互动，思维的交流也无法开展。如果想通过课堂教学激发学生积极思考的能力，就需要加强师生之间的互动，引导学生在课堂之上进行学术思考。加强师生互动，一方面要求教师改变教学方法，教师不应再是一成不变地讲授，而应辅以提问、讨论、实验等有利于引导学生思考的教学方式，让学生的思维在课堂之上积极运转。教师通过提问、讨论等方式引发学生兴趣，吸引学生对课堂知识的关注，进而思考教师的提问，与教师进行积极的学术交流，促进新知识与原有知识框架的结合，从而丰富头脑中原有的知识体系。同时教师的提问应注意多样化，问题类型不同所需要的思考方式也不同，有些问题只需要回忆已有的知识，有些需要不同知识相互对比，有些需要推理，所以，教师需要设计不同的问题，激发学生的思维能力。

增强师生课堂互动的另一方面则是让学生成为课堂的主角，改变学生被动、机械的状态，给学生独立思考的机会，让他们变思维活动的旁观者为思维过程的参与者，真正成为学习的主人。将讨论引入课堂则是实现这一目标的途径之一。民国时期清华大学的课堂上虽少见学生之间的讨论，但课上所燃起的学术热情促成了他们课下的激烈讨论。因此，如果能将这种课下的讨论引入课堂，让学生之间激烈地展开讨论，唇枪舌剑、你来我往，也定能起到活跃课堂氛围的作用。教师在课堂之上应有目的地组织学生开展课堂讨论，可以分小组讨论，也可以以个人为单位自由发表观点。在讨论过程中教师应调动学生的积极性，使其主动参与到讨论之中。学生在参与讨论过程中要经历对知识的内化、总结概括自己的思想、理解他人的思想等过程，在这一系列的过程中学生的思维能力得到了发展。由于个体思维的差异，学生们站在不同的角度，根据不同的论点、论据和思维方式组织自己的发言，在讨论过程中不同的观点得以同时呈现，引发学生的认知冲突，再通过皮亚杰所说的同化与顺应过程，实现认知的平衡，也就实现了学生原有认知结构的发展。

四、摒弃知识灌输，引发学生积极思考

通过对清华大学课堂教学的研究，我们可以发现，清华的课堂不是死气沉沉的，而是充满思维碰撞的课堂，在课堂上教师用他们的学术热情感染着学生，用他生动形象的话语引领着学生。冯友兰讲课常将一些艰涩的哲理比作平常事物，或把原文的理性内涵分析得妥帖入微。学生听后不仅懂了知识的表层含义，还会回味无穷。受教授们学术热情的感染，学生也会改变原有对某一学科的认知，甚至转而喜欢上那一门学科。钱穆的课堂是动情的课堂，李埏在回忆钱穆的课堂时说道，“先生讲课声音强而有力，感情奔放，道理也是说得简明深刻。……学生听后民族自尊心得到大大增强。过去有的学生受西方错误思想的影响，对国史毫无兴趣，受此感染，学生们想必很难再如从前般对国史研究置若罔闻了。如此教与育兼备的课堂，又何止是知识的传授而已。”〔1〕随着课程的进

〔1〕 李埏、李伯重：《良史与良师：学生眼中的八位著名学者》，清华大学出版社 2012 年版，第 51～52 页。

展，从一页又一页的讲授中，学生们更是深刻地体会到国史的精湛高深之处，而且钱穆讲课时所流露的对国史的崇高敬意，也对学子们起到了巨大的感染作用。

学生们在教师的引导下产生了对某一学科的兴趣之后，随之而来的自然是自主地参与到问题的思考之中。从事学术研究，仅仅有一腔热情是不够的，脑中如果空空如也，纵使想思也无从思起。课上课下的知识积累则是供学生思考的粮库。清华的教授为激发学生的思考，开拓学生思考的路线，非常注重为学生介绍参考书，使学生的思维不局限于课上的知识。陈寅恪就常常为学生列书单，其间还会夹杂对书籍的评论，提醒学生哪些书籍写得好，哪些可作参考，但某些问题还需思考等。

当前的大学课堂上，教师只顾复述课本上的内容，少见师生之间思想的交流。课上学生的思考未被触发，课下就更不能要求他们能主动思考些什么了。大学的教育应侧重于能力的培养，而非知识的灌输。摒弃知识灌输意味着教师应将知识讲“活”，可以通过理论与实际相结合、教师动情讲授等方式，将书本上生硬、刻板的概念与理论讲得便于学生理解，在这一过程中学生思维也得到了锻炼。这样学生所获得的知识不再是肤浅理解、机械记忆的知识，而是运用于实际问题之中的知识，是与学生原有知识结构发生实质性勾连的知识。

课上的思考积极性被引发之后，应如清华大学的教师所为，乘胜追击为学生开列参考书，让学生在阅读其他相关书籍中产生更多属于自己的思考。不同书籍对同一知识的不同理解还会引发学生的认知矛盾，在解决认知矛盾过程中，将书本知识更为深刻地转化为属于学生自己的知识。清华教授无论在课上还是课下均十分注重为学生介绍参考书。课上为学生开列与课程相关的，可以拓展学生学术视野的参考书目；课下则通过学校期刊为学生推介最新出版的大师级著作。学生通过阅读教师推荐的书籍，使自身的知识体系建立得更广泛，同时也开拓了学术思维，为今后进行独立研究奠定基础。苏霍姆林斯基提到学生应每天坚持读相关学术书籍，他认为读书的过程就是建立智力背景的过程，这个背景建立得越牢固越宽泛，以后的相关学习就会越轻松。因为从课下阅读中收获的知识会形成数不胜数的接触点，读得书越多生成的接触点也就越多，与课堂所学知识发生联系的可能性就越大。在这相通的过程中进一步激励了学生在知识的海洋游历。〔1〕广泛的阅读拓展了学生的学术视野，使其在今后的学术研究中能够举一反三、灵感不断。

而目前通用的教科书大多都未开具参考书目，教材内容的资料来源也未做必要的说明，这看起来是个小问题，但在引导、开拓学生的知识领域方面却是个不小的缺憾，因此，在教学中必须适当予以纠正。教师在课堂上也应注意多向学生推荐书目，以此开拓学生的学术视野，促进学生的积极思考。

五、构建平等课堂话语权，促进学生独立思考

课堂话语权即在课堂这一环境之下教师与学生发表各自

〔1〕［苏］B. A. 苏霍姆林斯基：《给教师的建议》，杜殿坤编译，教育科学出版社 1984 年版，第 135 页。

观点的权利，平等的课堂话语权则重点强调学生在课堂之上自由表达观点的权利。因为教师凭借自身所拥有的权威，自然能够自由地向学生传达学术观点，而学生能否在课堂之上拥有与教师平等的课堂话语权，包括质疑教师观点的权利，则对其独立思考能力的培养具有重要影响。

民国时期清华大学受学校思想自由的氛围影响，无论教师还是学生都能勇于发表各自的观点。清华的师生们沉浸于纯粹的学术追求之中，观念的争辩并未影响他们的关系。课堂之上，学生也能勇于提出自己的疑问甚至是对教师观点的质疑，而教师对此往往能够保持一个包容的心态，并积极回应学生的质疑。师生彼此的观点在课堂之上激烈交锋，这种对话又进一步推进师生的思考。学生的独立思考能力在这一次次的交锋中得到了进步。清华的学术大师们有充足的自信，面对学生的质疑不会觉得这有损教师权威，而是从培养学术人才的角度考虑，将学生看成平等的学术探讨者，对学生的提问持以鼓励、支持的态度。教师的这种包容态度又进一步鼓励了其他学生的独立思考意识，从而使得独立思考精神在学生之间不断传播。

钱穆不仅支持包容学生的质疑，还会主动在学生头脑中引入问题冲突，并让其自行判断孰是孰非。对于《老子》一书的成书时间问题，钱穆与胡适之间存在不同观点，在课上钱穆则在批评胡适观点的基础上论述自己的观点。在两位教师激烈争论的影响下，学生之间也形成了对立的两派，大家相互争论，让校园中产生了浓郁的学术氛围。

现代校园缺少了这种学术争论，课堂之上学生的思维完全跟着老师走，一个原因是教师的绝对权威导致学生批判意识的缺乏，另一个原因则是没有构建一个师生平等沟通的渠道，没有一个让学生独立思考的环境。平等的课堂话语权的实现要从学校、教师、学生三个层面去努力。学校层面要营造民主平等的校园环境，学生在校园生活中自由发表言论。而后要去除教师的绝对权威性，教师不应是不能被挑战、质疑的权威形象，学生应明白教师也有犯错的可能。学生们要从以往的对教师的权威依赖中解放出来，依靠自己的判断思考掌握获取知识的方法。确立批判性思维的重要问题之一就是，如何看待知识的源泉。[1]在传统的以教师为主的课堂中，教师与书本知识往往被学生当作绝对权威，这种对权威的绝对服从降低了学生自主探求真理的意识。只有去除教师的绝对权威，给予学生敢于破除教师权威的勇气，才能让学生养成独立思考的习惯。平等课堂话语权的构建还需要学生在课堂上的参与意识，只有拥有独立思考意识，才能对教师的教学产生疑问，课堂对话才能发生。如前所述，校园的氛围、教师的态度是培养学生独立自由思考精神的重要因素，学校应倡导学生自由发言，教师应鼓励学生独立思考，从而使得学生在课堂之上也能质疑教师的观点，在与老师的交流过程中，实现头脑中知识的建构。

---

〔1〕 钟启泉：《“批判性思维”及其教学》，载《全球教育展望》2002 年版第 1 期。

第二章

师生课外的游谈对学生精神生活的塑造

——以西南联大为个案的诠释

品味教育世界散发的醉人芬芳，破解那醉人的芬芳得以化生之“道”，是每一位对教育事业充满热望的研究者共同的追求。令人遗憾的是，面对整全的教育世界，我们的研究者把目光投向的主要是正规的、制度化的教育目标设定、课程设置、课堂教学的展开、管理制度的建构、校园文化建设等方面。而对于师生日常生活中所散发的教育芬芳的品味、识读，关注度非常低。即使有少量关注师生日常生活的研究者，也往往是以一种单主体的思维方式在关注。如关注学生的衣食住行、读书、参与政治活动等日常生活，或者是关注教师的衣食住行、学术研究、参与政治活动等日常生活。这样的研究有两个弊病：其一，只是把教师和学生的日常生活作为教育实践发生的背景来描述与分析，没有充分揭示其教育意义。其二，在描述与分析教师与学生的日常生活时，没有引入主体间性思维，使得教师与学生的日常生活存在交集的部分没有进入探寻的视野。有鉴于此，我们非常有必要把研究的视线大幅度转移，转向这样一个更加充满生命且温情的教育世界：在课堂教学之外，学生自觉地追随教师、参与教师的日常生活实践的世界。在这样的日常生活世界，师生之间发生着自然而频繁的互动。这样的互动，使得教师对学生的教诲悄然发生，学生的心智亦随之潜滋暗长。从这一意义上讲，师生共享的日常生活的教育芬芳在自然而然、源源不断地流溢而出。

当然，我们之所以要关注师生共享的日常生活的教育芬芳，并不仅仅因为它是既往研究的缺失，更为内在的根源是，师生共享的日常生活的教育芬芳与其他教育世界散发的教育芬芳相比，具有不可替代性。在我们尚属粗浅的探索中，我们可以说，师生共享的日常生活在培育智性、涵养德性上，都具有不可替代的重要价值。本章拟以西南联大的历史经验为资料，对其进行必要的阐释。

第一节　师生之间的游谈成为日常生活常态的基础

师生之间的游谈能够成为日常生活中普遍存在、频繁发生的行为，往往是由于师生之间具有共同的价值关怀。否则，他们就不会聚集在一起，更不会饶有兴味、长时间地将游谈延续下去。征之于西南联大的史料，我们不难确证这一点。

一、师生一致崇尚学术救国

在谈到西南联大学人共同的价值关怀时，今人张奠宙在为陈省身作传时曾说：“战时的西南联大，生活简单困苦，但学术研究十分活跃，为常人所难以想象。理由很简单，所有的人，都怀着满腔的爱国热情。”〔1〕可见，张奠宙在这里想要说的是，“满腔的爱国热情”正是西南联大学人所有价值指向的根源。在许多西南联大学人的言行中，我们可以一再看到“满腔的爱国热情”喷涌而出。

诗人与学者闻一多被胸中的爱国之火灼得热血沸腾，禁不住在给其学生臧克家的信中滔滔不绝地倾诉：“我只觉自己是座没有爆发的火山，火烧得我痛，却始终没有能力（就是技巧）炸开那禁锢我的地壳，放射出光和热来。只有少数跟我很久的朋友（如梦家）才知道我有火，并且就在《死水》里感觉出我的火来。”〔2〕其他西南联大学人虽不像闻一多那样以诗人特有的热情，用诗一样的语言来倾诉自己的爱国热情，但他们在表达自己的爱国之心时，也都是掷地有声的。

黄子卿于1936年在美国的麻省理工学院获得博士学位，当他向周围的师友表达自己尽快回国的想法时，麻省理工学院的化学系系主任和芝加哥大学原子能研究所的负责人都极力劝他留下，并许以优厚待遇。他们对黄子卿说：“你的祖国正像一只破船在风雨中飘摇，哪里会有美国这样好的研究条件?”但黄子卿斩钉截铁地说：“我愿和我的祖国一起受苦。”〔3〕这表达的正是黄氏的拳拳爱国之心。

冯契在谈到金岳霖的满腔爱国热情时曾深情地说：

---

〔1〕 张奠宙、王善平：《陈省身传》，南开大学出版社2004年版，第85页。

〔2〕 闻一多：《闻一多书信选集》，人民文学出版社1986年版，第316页。

〔3〕 西南联合大学北京大学校友会编：《笳吹弦诵情弥切——国立西南联合大学五十周年纪念文集》，中国文史出版社1988年版，第247页。

> 当时有些进步学生在地下党领导下组织战地服务团，决定到北方前线去参加抗战工作，我也报名参加了。临走之前，去向金先生告别，他非常赞赏我的行动，连声说“好，好！我要是年轻二十岁，也要到前线去扛枪”。我后来一直记着他讲“扛枪”二字时的那种满腔热情，这对我确是最好的鼓励。我在北方两年，1939 年又回昆明西南联大复学。金先生一见到我，就约我到他住处去谈谈。他特别为我准备了咖啡和点心（这在当时大后方是很难得的），详详细细地问我在前线的情况和所见所闻。我如实地讲了自己到山西前线、又到延安、并随八路军到了晋察冀和冀中等地的主要经历，介绍了敌后根据地军民英勇抗敌的许多事迹。他显然听得很高兴，不时地插话：“八路军真能打仗！”“噢，游击队神出鬼没！”“照这样说，中国人一定能打败日本鬼子！”……他还说，他们这一代人，一直担心中国要被瓜分，要亡国，能把日本鬼子打败，中国就有希望了。〔1〕

金岳霖不但对自己的学生上前线抗日的举动表示极度赞赏，而且在其学生自前线归来后对抗日前线的战况表现出特别的关心，这足见金岳霖对于祖国命运的高度关切。如果没有胸中蕴积着火一样的爱国热情，是不可能有那些言行的。

不仅联大教师都有着火一般的爱国热情，联大学子也是

〔1〕 刘培育主编：《金岳霖的回忆与回忆金岳霖》，四川教育出版社 1995 年版，第 151～152 页。

如此。对于这一点，联大的杰出学子王瑶曾用非常简练的笔触做过表达，他是这样说的："我们固然绝不能忽视救亡，但也绝不空谈救亡，我们相信没有和现实世界超然存在的甚么学术，惟有把学术和现实密切的联系起来才是有价值的学术，也才真正对救亡有所补助。"〔1〕显然，在这里的"绝不""忽视救亡"与"空谈救亡"，意欲通过学术工作"真正对救亡有所补助"，正将联大学子深沉、炽热的爱国之情展露无遗。

对于联大学子的爱国热情，任继愈表达得更直白。他说："我觉得做学问也是个战斗。那时候我们念书，也想着前方的将士，并不是打仗的归打仗，念书的归念书，我们这个做学问也要对得起前方的打仗。"〔2〕

从前面两则有代表性的史料可以看到，联大学子与联大的教师一样都有着浓烈的爱国热情。在当时的情况下，摆在一个有着爱国热情的学人面前有两条路：一是投笔从戎；二是继续以学术为业。在这两种选择之中，联大学人虽然对投笔从戎的行为颇为激赏（如金岳霖的上述言行即是明证），但基本上选择的是后者。之所以做出这样的道路选择，不是激情冲动的结果，而是在知识分子于国难之时如何自处、如何以知识分子独有的方式救国这一问题上经过深思熟虑之后作出的决断。对于这一点，从贺麟的一篇文章中不难看到。

---

〔1〕 王瑶：《关于第四十五卷的周刊》，载《清华周刊》1936 年第 45 卷第 1 期。

〔2〕 张曼菱：《西南联大人物访谈录》，云南教育出版社 2007 年版，第 149 页。

正当国难之时，贺麟所撰《德国三大哲人处国难时之态度》这一长文，可谓一篇极为难得的知识分子考量其战时生存方式的代表性文献。在该文中，贺麟主要讨论了歌德（1749—1832年）、黑格尔（1770—1831年）、费希特（1762—1814年）在国难中的生命姿态、生存方式。其主要观点是：

1806年10月，拿破仑亲率重兵直捣德国，当时魏玛公爵府中的其他幕僚“走避一空”，只有作为魏玛公爵府高级幕僚的歌德处之泰然，毅然留下，使耶拿大学在战乱中仍能弦歌不辍。因此，贺麟称许歌德具有“诗的人品”，能够在任何情况下，包括大军压境且生命受到威胁时，都能葆有对生命本真无尽的热爱，对个人际遇的超然姿态。

与歌德的“诗的人品”相对照，黑格尔则是“散文式的”。从个人品质来说，黑格尔崇尚脚踏实地，平淡无奇，不浪漫，少风波。从运思取向上来说，黑格尔“特别注重文化历史的研究，以明了祖国的民族精神，立国根本，以及古圣先贤所遗留下来的国粹或文化之所在”。从个人身处国难时的姿态选择来说，黑格尔则主张知识分子“各安其分，各得其所”，坚持自己“死以求生或死中求生的信心、希望、拼命精神”。在这里，贺麟突出强调的是两方面：一是民族、国家复兴的希望与长久生存、发展的根本只能在文化研究中寻求。因为“只有知识是惟一的救星。惟有知识能使我们对事变之来不至如禽兽一般之愕然吃惊，亦不至仅用权术机智以敷衍应付目前的一时。……惟有知识才能使我们不至认国运之盛衰、国脉之绝续仅系于一城一堡之被外兵占领与否”。二是知识分子的职责是“各安其分，各得其所”，坚守自己文化创造与传播的岗位。这是一种更为根本性的基础工作，需要付出长期的、艰苦卓绝的辛劳。[1]

与歌德和黑格尔比较，费希特则是“富于戏剧意味”的。在法军占领普鲁士之时，费希特怀着必死之心作了著名的《对德意志国民的演讲》，且连续多次，给德国人民带来了巨大的精神鼓舞。在此之前，书商帕尔姆由于出版了《德国处于深深的屈辱之中》一书而被处死，人们对之依然心有余悸。当此之际，他的连续讲演更显示了其超乎常人的勇气和鲜明的民族立场。为了突出费希特的这一特点，贺麟还把黑格尔与费希特身处国难时的姿态以这样的设问形式加以对比：“当法军占领德国时，黑格尔曾打电报没有？曾发宣言没有？他曾公开演讲若干次？他抗法救国的标语如何？想来，他总少不了要发出一个重要的快邮代电，以表示他爱国赴难的决心？”最后的回答，自然都是否定性的。另外，为了突出黑格尔的立场，贺麟还特别总结说：“黑格尔的全部热情，志气与精神，差不多尽注在他的学说里，而未十分表现于外表的末节上。”[2]

那么，贺麟对于德国这三大哲人身处国难时的生存方式的选择，究竟最为推崇哪一种呢？贺麟的至交吴宓给出了答案。他在读了贺麟的长文之后，断然认定：“篇中凡描述黑格尔之处，亦即作者个人主张信仰及其成己济世之热诚之表现

〔1〕 贺麟：《德国三大哲人处国难时之态度》，载天津《大公报·文艺》副刊1931年第198期。

〔2〕 贺麟：《德国三大哲人处国难时之态度》，载天津《大公报·文艺》副刊1931年第199期。

也。”〔1〕吴宓在这里想要说明的是，贺麟明确主张，知识分子身当国难之时，应该像黑格尔那样“各安其分”，把知识当作“唯一的救星”，致力于“文化研究”的工作。

在这里，我们可以看到，贺麟是在经过周密而审慎的思虑之后，认定文化研究、创造的工作是知识分子在身处国难时最有意义的工作，才无怨无悔地选择全力投身学理探究的。

对于许多西南联大学人来说，我们虽然没有看到其理性抉择的心路历程，但是，我们可以看到，他们与贺麟有着同样对“文化研究”的意义之独特性、神圣性的体认。

对于西南联大学人是如何认识学理探究之于挽救国家的危亡所具有的意义的，朱自清曾做过概括性说明，他说：“教授们也感觉到，自己上战场打仗是不太可能的，自己的任务就是保持中国弦诵不绝。这个对中国的长远发展意义重大。”〔2〕也就是说，西南联大学人深切地认识到，上前线扛枪非学人所长，学者以探究自然、人文真理为业来救国，有着其他救国方式不能替代的重大意义。从不少西南联大学人的言论中，我们都可看到这一点。

闻一多在给梁实秋的一封信中曾这样说：“我国前途之危险不独政治、经济有被人征服之虑，且有文化被人征服的祸患。文化之征服甚于其他方面之万千倍。杜渐而防微，舍

---

〔1〕贺麟：《德国三大哲人处国难时之态度》，载天津《大公报·文艺》副刊1931年第199期。

〔2〕张曼菱：《西南联大行思录》，生活·读书·新知三联书店2013年版，第27页。

我辈其谁堪任之。”[1]在这里，闻一多可谓目光如炬。他不仅看到了中国在政治、经济上被他国“征服”的危险，还看到了文化上可能被他国“征服”的危机。在洞见了这一点的同时，他也认识到了作为学者的使命与价值：依靠学人点滴的努力，防止日本在文化上征服中国。从他的“文化之征服甚于其他方面之万千倍”一语来看，他对学者的这一使命与价值看得是甚为重大且神圣的。

在钱穆看来，“非国家、民族不永命之可虑，而其民族、国家所由产生之‘文化’之息绝为可悲。世未有其民族文化尚灿烂光辉，而遽丧其国家者，亦未有其民族文化已衰息断绝，而其国家之生命犹得长存者”[2]。在这里，钱穆把民族文化看作一个国家存亡续绝的根本。既然民族文化关乎国家的存亡，那么，我们就必须想方设法保存中国的民族文化。而中国的民族文化，主要表现在中国以往的全部历史中，所以，钱穆特别“强调在抗战中重建国家，必复兴文化，要唤起民众的民族觉悟，必先认识历史”[3]。可见，钱穆把知识分子的国史研究提高到挽救国家危亡的高度来认识。

虽然闻、钱二氏在立论时的角度不无差异，但表达的却是同一个想法：学者通过学术工作实现文化与学术的传承、创造，对抗战兴国来说具有不可替代的重要意义。

正是因为西南联大学人有这样的价值认定与关怀，教师

---

〔1〕 孙党伯、袁謇正主编：《闻一多全集》（第12卷），湖北人民出版社1993年版，第114~115页。

〔2〕 钱穆：《国史大纲》，商务印书馆1948年版，第1页。

〔3〕 田亮：《抗战时期史学研究》，人民出版社2005年版，第259页。

才会不仅在课堂上尽力做学术文化的播火者，课外亦有着浓重的传道热情。学生不但在课堂上孜孜不倦地吸取知识，课外也有着火热的求学问道之心。二者的合力作用，致使联大师生经常性地聚集在一起，对以学术为中心的清谈无厌无倦。对此，陈岱孙在其晚年谈到西南联大时曾说，西南联大之所以能够“为国家培养出一代的国内外知名学者和众多建国需要的优秀人才”，“不得不把这成果归功于同学的求知愿望和教职员的敬业精神。而这二者实植根于以爱国主义为动力的双方共同信念和责任感。”〔1〕这一总结，可谓一语中的。

二、探究性教学铺设的智性空间

大学中师生之间的游谈，主要基于学生对智性问题的疑难、困惑。学子对于智性问题的困惑、疑难、求解愿望的萌生可能会有自发的成分，但其更基本的、主要的动力来自教师的启蒙。特别是大面积、高频率、持久性出现学生对智性问题解决的渴求，只能来自先知先觉者的启发、引导。西南联大的教师就是点燃学生智性之火的“魔术师”，他们之所以能够成为这样的“魔术师”，与其为西南联大教学活动铺就的探究底色密切相关。

纵览西南联大的那些学术大师的教学活动，我们就会发现，他们的教学活动是一个完整地展示其研究成果的过程。大体来说，这种展示的内容是有所区别的：一种是展示自己的研究成果，另一种是展示整个学科的推进过程。前一种展

---

〔1〕 西南联合大学北京校友会编：《国立西南联合大学校史——一九三七至一九四六年的北大、清华、南开》，北京大学出版社 1996 年版，第 1 页。

示，基本上存在于专题性质的选修课中。而后一种展示，则往往见之于必修性质的基础课。之所以会出现这一情况，缘于学者研究学问，必然是“术业有专攻”的。如果只是根据自己的研究特长开窄而深的专题课，他自然可以做到基本上讲自己的研究成果。但如果开的是基础课，在既定的学科框架内，方方面面都要讲到，作为只是在某几个方面有自己研究成果的学者来说，便只能选择以讲学科之内别人的研究成果为主。

展示自己的研究成果者，陈寅恪可以说是一个典范。听过他课的学生都说，他的课程“都是专题研究性质”，“只讲他本人在那课程范围内的研究成绩”。[1]他在讲课一开始，总是先在黑板上抄写资料。把讲课中所要征引的史料抄得满满的，然后再根据所抄的资料进行考证、分析、综合。对于他在讲课中如何进行考证、分析，许多学生都有过追忆。季羡林说，他的解释与分析“细入毫发，如剥蕉叶，愈剥愈细愈剥愈深”，但却一点也没有武断、夸大、歪曲的成分，而是“一本实事求是的精神”。[2]周一良这样写道：“旁征博引，论证紧凑，环环相扣。我闻所未闻，犹如眼前放一异彩，深深为之吸引”。宗良圯则说：“其讲学也，似系考证学派，中外古今，旁征博引，论据卓越。”[3]

从这些学生对其师讲课的回忆、评说可以看到，陈氏的

---

〔1〕 张杰、杨燕丽选编：《追忆陈寅恪》，社会科学文献出版社 1999 年版，第 192 页。

〔2〕 季羡林：《学问之道》，沈阳出版社 2001 年版，第 12~13 页。

〔3〕 张杰、杨燕丽选编：《追忆陈寅恪》，社会科学文献出版社 1999 年版，第 242 页。

教学特点是：其一，以旁征博引原始史料为基础；其二，有很强的逻辑性；其三，分析、论证细致入微。这种教学特点，正与高质量的史学研究论文的特点相似。其展示自己研究成果的特征，是一目了然的。

哲学大家金岳霖的课堂教学也是如此。在讲课中，"他总是先叙述一下要讲的哲学问题，然后分析这个问题，提出初步的解决意见。进而又指出这个解决意见的缺点，再提出一个新的解决意见，……这样一步一步地深入，一步一步地提高。最后他提出自己认为正确的意见。这种讲课进程，有些像柏拉图的'对话'，也许更像休谟剥蕉抽茧地讨论哲学问题的风格。"[1]这一提出一个又一个问题，又一步步将之解决，从而使课堂教学逐渐"深入"与"提高"的过程，不就是一个完整的研究过程吗？

当然，以讲他人是如何推进学科进展为主的也有不少。如叶企孙、吴有训便是。钱伟长在谈到叶企孙、吴有训的讲课风格时说："他们讲课，从不照本宣科，而是每堂讲一个基本概念，从历史的发展说明人类对物理世界的认识，以及怎样用这种认识来提高我们的生活水平和满足生活需要的各种事实，激发了同学们对知识的追求探索。"[2]如吴有训讲大学普通物理时，就是把大学普通物理分成一百多个题目，每一节课集中讲一个问题。比如他讲质量问题，先讲质量这

---

〔1〕 刘培育主编：《金岳霖的回忆与回忆金岳霖》，四川教育出版社1995年版，第187～188页。

〔2〕 钱伟长：《教育和教学问题的思考》，上海大学出版社2000年版，第255页。

个概念人们在开始怎么认识，后来怎么认识，为什么会产生质量这个概念。接着又讲为什么质量不是重量，它和重量有什么关系。在此基础上，再进一步讲它与牛顿三定律的关系。最后讲现在质量如何测量，它在国民经济中占据什么地位等问题。[1]从这里我们可以看到，吴有训讲大学普通物理主要是讲每一个重要的物理问题的人类认识史，在这一过程中，必然要讲到在每一个环节中科学家是如何面对、分析、解决问题的。

杨石先的风格也是如此。他在讲“植物碱与天然产物”一课时，紧扣中外有机化学家如何运用分解和合成两方面的化学手段，巧妙地确定了植物碱的精细结构，再用全合成的方法制造出了天然产物的复制品这条主线，“由近及远，由此及彼，一气呵成”[2]，使一门课变成了一个完整的研究过程的再现。

在这样的教师的研究进程展示或整个学科的研究进程展示过程中，学生往往会被某一专题、某一学科一步步探索的智慧、美感所感染，不由自主被卷入其中。如周一良说，听陈寅恪的课，“就如看了一场著名武生杨小楼的拿手好戏，感到异常‘过瘾’。”[3]申泮文在谈到杨石先讲的化学课时，称

---

〔1〕 钱伟长：《教育和教学问题的思考》，上海大学出版社 2000 年版，第 99 页。

〔2〕 西南联合大学北京大学校友会编：《笳吹弦诵情弥——国立西南联合大学五十周年纪念文集》，中国文史出版社 1988 年版，第 187 页。

〔3〕 张杰、杨燕丽选编：《追忆陈寅恪》，社会科学文献出版社 1999 年版，第 159 页。

赞其常常使得“下得课来，同学们还舍不得离开课堂”。[1]吴有训讲大学普通物理，每一节都讲一个物理问题的人类认识史，这样的课被钱伟长称为：“既是一节课，又是一篇引人入胜的演讲。”[2]这就使得联大学子有了沿着前人探索的道路进一步探索的愿望。而进一步的探索是需要过来人指点门径的，毕竟任何一个初学者在意欲踏上探究之路的时候，面对繁复多歧的参考资料，如无人指点，都不免会走入弯路甚至走上歧路。有过来人为之指点资料门径，可以大大缩短其摸索的时间，使之尽快进入治学的正轨。联大教师深谙这一点，因此，几乎每一位联大的教师在授课之时，都要为学生指点进一步研究所要使用的文献。首先我们来看文科教授的教学状况。

梁嘉彬在其《陈寅恪师二三事》中写道：“弟等于上课时常见其苦于穷极思索，勤于指点史料与工具，而敏于训练史学方法”[3]，这是对陈寅恪讲课特点的如实概括。这一点，我们可以从其学生留下的听课笔记中看到。在现在可见的史料中，笔者尚未见到陈寅恪在西南联大授课时的学生听课笔记。见到的只是大约记于1935年的杨联升在清华大学听“隋唐史”课的笔记与大约在1944年的时候李涵在成都华西坝燕京大学听“唐史”课的笔记。从到西南联大前与离开西

---

〔1〕 西南联合大学北京大学校友会编：《笳吹弦诵情弥切——国立西南联合大学五十周年纪念文集》，中国文史出版社1988年版，第187页。

〔2〕 钱伟长：《教育和教学问题的思考》，上海大学出版社2000年版，第166页。

〔3〕 张杰、杨燕丽选编：《追忆陈寅恪》，社会科学文献出版社1999年版，第112页。

南联大后的笔记的共同点中，我们不难推测陈寅恪在西南联大时的教学特点。杨联升留有一份《隋唐史第一讲笔记大略》，其开头即是“应读即应参考之书”。在这一部分，列出的参考文献有通鉴隋唐纪、通典、隋书、两唐书、全唐文、全唐诗、唐律、唐六典、太平御览、册府元龟等。在文献罗列的后面，对两点进行了特别说明：一是通鉴隋唐纪、通典“宜先读”。二是那些史籍的优点与缺点。[1]李涵留有《听唐史课笔记一则》，其开始也是列有“应参考的材料”。它们分别是《新唐书》《旧唐书》《全唐文》《全唐诗》《册府元龟·外臣部》《文苑英华》等。在开列文献之后，附有对这些史料基本特点的说明。[2]从两则材料的对比，我们自然不难看到陈氏一贯的做法：在开讲时首先指出研究所用的史料范围及特点，以便学生使用。

郑天挺与陈寅恪的做法类似。在讲明清史时，总是在具体的教学内容开讲之前，“首先介绍明清史的主要史籍”，这使得学生“可以摆脱一般参考书而直接阅读原著”。[3]程溯洛在《怀念郑毅生老师》中也说：“在讲正课之前，照例先介绍这一课程的资料目录学，光用板书写出明史的史料和参考书刊，就足花去两小时。”[4]只是列出参考史籍就要花去足足两小

〔1〕 张杰、杨燕丽选编：《追忆陈寅恪》，社会科学文献出版社 1999 年版，第 186~187 页。

〔2〕 张杰、杨燕丽选编：《追忆陈寅恪》，社会科学文献出版社 1999 年版，第 266~267 页。

〔3〕 冯尔康、郑克晟编：《郑天挺学记》，生活·读书·新知三联书店 1991 年版，第 66 页。

〔4〕 冯尔康、郑克晟编：《郑天挺学记》，生活·读书·新知三联书店 1991 年版，第 100 页。

时，其涉及的史籍数量当不在少数。

文科教师如此，理科教师也是同样的做法。据钱伟长说，物理系的教授上课基本上是“每堂课一开始就公布指定自学材料的书名和章节”。赵忠尧讲电磁学，用的教材是阿达姆著的《电磁学》，为了让学生深入钻研，还指定学生“自学路易斯编的工学院直流电机和交流电机两本教材的主要部分”。〔1〕吴有训讲大学普通物理，“一节课讲一个物理问题的发展线索，这当然只能是把主要的逻辑环节讲清楚”，讲完之后，就指定学生看必须看的参考书。三四本参考书，这本看一部分，那本看一部分。还有很多东西，他根本不讲，全部让学生自己去看参考书去掌握。〔2〕周培源讲力学，为学生指定“一批参考书”，“看多看少由学生自己掌握”。〔3〕

联大学子按照联大教师所指示的门径，顺着前人探索的道路不断摸索前进，必然会碰到种种疑难、困惑，需要教师为其排解。而联大教师和学生之间特有的亲密而纯洁的关系使这种求教变得甚为自然。

三、亲密而纯洁的师生关系

在彼时的大学中，师生关系是一种契约关系。受此风影响，在抗战前大学中的师生关系是疏远、淡漠的。“师生的

〔1〕 钱伟长：《教育和教学问题的思考》，上海大学出版社 2000 年版，第 313 页。

〔2〕 钱伟长：《教育和教学问题的思考》，上海大学出版社 2000 年版，第 99 页。

〔3〕 云南西南联大校友会编：《难忘联大岁月——国立西南联合大学在昆建校六十周年纪念文集》，云南教育出版社 1998 年版，第 25 页。

接触，一般仅限于课内”，“只有少数学习较好、被目之为‘天才’的学生，才受到教师的重视，课外辅之以较多的指导”〔1〕。但到了战时，就大不一样了。赵瑞蕻在谈到联大师生关系之非同寻常时曾这样说：“师生之间可以随意接触谈心，可以相互帮助和争论；在春秋佳日的假期中，师生结伴漫游或喝茶下棋，促膝聊天，海阔天空，无所不谈。”〔2〕其所说的“随意接触”“无所不谈”，正是对师生关系亲密的最好概括。对此，王浩也曾发出类似的感叹：“我在三九年秋到昆明作新生，一直住到四六年春离开准备出国，住了将近七年。在这段感受力最强的日子，和许多老师及同学享受了一种人生极难得的平淡亲切而纯洁的人际关系。这样经验不但为以后的做人和学业打了一个比较坚实的基础，而且彼此之间的信任和同情一直持续着，成为崎岖的生命历程中一个重要的精神支柱。”〔3〕王浩把西南联大的师生关系概括为“平淡亲切而纯洁的人际关系”，并把它视为“崎岖的生命历程中一个重要的精神支柱”，可见其对当时联大师生关系特别亲密的感念之深。事实上，许许多多联大师生之间交往的细节，都可以让我们感到赵、王二氏所言不虚。

何善周在谈到闻一多和学生关系之亲密时曾经说过：

〔1〕 清华大学校史编写组编著：《清华大学校史稿》，中华书局1981年版，第130页。

〔2〕 赵瑞蕻：《离乱弦歌忆旧游——从西南联大到金色的晚秋》，文汇出版社2000年版，第67页。

〔3〕 刘培育主编：《金岳霖的回忆与回忆金岳霖》，四川教育出版社1995年版，第161页。

西南联大在校的同学来到司家营拜访闻先生的逐渐增多了。他们一次三五人、七八人，多至十几人来到研究所。他们只要一进研究所的小院子，不论闻先生在楼上正在做什么，是在写着还是在翻找资料，一听见楼下的问询声，判定是来见他的，立刻就放下工作，面带笑容走下楼去。我的书桌放在楼门口，每次瞅着闻先生左手提着长衫的衩子，两眼闪着欣喜的光芒，急忙地跨出门，走下楼梯的情景，我曾多少次地想着，这是在我们这所旧大学里，作为一个教授和学生的新的师生关系的开始。

闻一多与新诗社的成员经常聚谈。一次，同学们坐在稻草打成的圆垫子上，请闻一多坐在床上，可是，不一会儿，他又挤到了草垫子上。同学们不大忍心，让他坐回床上去，闻一多就说："你们以为我到你们中间是干什么来的？也许以为我是来教你们的，来领着你们走吧。那样想就错了。我是到你们中间来取暖的！"大家听了"取暖"两字，都会心地明白它的含义，都笑了。[1]

从闻一多一见到学生就满怀欣喜的神态和在学生中间能够获得温暖的心声表白可以看到，闻一多是把学生当作亲密无间的朋友来看待的。

如果说闻一多是把学生当作心心相印的朋友来看待的话，

---

〔1〕 闻一多纪念文集编委会：《闻一多纪念文集》，生活·读书·新知三联书店 1980 年版，第 259 页。

那朱自清与沈从文简直就是把学生当作孩子来对待的。朱自清对待学生的态度，从他与季镇淮相处的一件逸事中就可看到：一次，朱自清请季镇淮在一家饭店吃饭。朱自清知道季镇淮是江苏淮安人，专门为季镇淮点了淮扬菜系中的名菜炒鳝丝。二人边吃边谈，“情同鱼水”。这让季镇淮“至老都难忘朱先生的温情与体贴”〔1〕。

沈从文对待学生的温情，与朱自清相若。一次，汪曾祺去拜访沈从文。汪曾祺去沈家的那一天，正好牙疼，腮帮子肿得老高。汪曾祺一进门，沈从文就看到了汪曾祺的那副惨相。沈从文连客套话都没有说一句，转身出去，一会儿抱回几个吃了能去火、消炎的大个橘子。〔2〕

从朱自清为季镇淮点菜与沈从文为汪曾祺买橘子这样的细节中，我们看到的是师生之间如父亲对待儿子般自然的温情与体贴。

总之，无论是师生之间朋友般的情谊，还是父子般的情感，都是无愧“亲切而纯洁”之誉的。这种特殊的关系使得教师与学生之间的对座闲谈不是牵强、生硬的，而是非常自然、平易的。

四、超越艰难困苦的达观襟抱

对学术救国的意义体认、探究性教学铺设了特定的智性空间，师生关系的亲密固然是联大师生沉浸在游谈中的重要支撑因素，不过，超越艰难困苦的达观襟怀也是其沉浸在游

---

〔1〕 夏晓虹编：《季镇淮先生纪念集》，北京大学出版社 1999 年版，第 141 页。

〔2〕 汪曾祺：《汪曾祺全集》，北京师范大学出版社 1998 年版，第 257 页。

谈的世界中不可缺少的助力。因为联大学人不是生活在和平、安宁的环境中，而是身处危难与困苦中。如果没有从苦境中超拔出来的情怀与境界，他们就会陷溺在生活的危险、艰苦中不能自拔，成为随波逐流的庸众，不可能以安然、平静的心态进入游谈的状态。那么，他们面对的生活情境是何等的危难与困苦呢？下面我们来看。

从 1938 年 9 月开始，西南联大的师生便处于时时有可能遭受日本侵略者空袭的危险之中。最初，日本人对昆明的空袭只是为了对大后方进行骚扰，从精神上对大后方的民众进行威慑，轰炸昆明的次数尚少。后来，在日本人占领安南、缅甸后，云南便成为抗日的前沿，日本飞机就开始了对昆明更为频繁而疯狂的轰炸。“从 1940 年夏天到 1941 年秋天，在这一年零一个季度的时间里，日本几乎天天来飞机轰炸，而且很准时，早晨九十点钟肯定拉警报。”〔1〕

空袭所带来的直接结果便是让人们不得不经常面对死亡的威胁，这自然会给人们带来心理上巨大的恐慌。在许多联大学人的日记中，都对这一点有过描述。

如 1940 年 10 月 12 日的空袭，就给人们产生了很大的心理冲击。那天，27 架日本飞机飞入昆明上空，“投弹百余枚”，重点的轰炸目标是联大与云南大学。这次轰炸，致使“云大及联大师院已全毁，文化巷住宅无一存者”，“文化巷口棺木罗列，全巷几无存屋”。死亡与毁灭就在人们面前，使人们“惶惶无所归宿”。当天晚上，吴宓原打算继续他的

〔1〕何兆武口述，文靖撰写：《上学记》，生活 · 读书 · 新知三联书店 2006 年版，第 180 页。

“欧洲文学名著”一课的讲授，但因为“仅到许渊冲等二生”，所以没上课。15日，他上“文学与人生理想”一课，“到者五六学生”〔1〕。其间，像吴宓这样的名教授的非常叫座的课都很少有人上了，学生在心理上所受到的冲击，可以想见。心理上恐慌的不仅是学生，教师亦然。据曾昭抡1940年10月13日的日记记载：“昨日敌机狂炸昆明后，我等住宅前后，落炸弹甚多。附近数屋变成一片废墟，有一屋全家六人均被炸死。联大师范学院的男生宿舍全毁，学校负责人，竟不露面。在办公时间内，全校无一人办公。”〔2〕偌大的一个联大，在飞机轰炸之后，连一个办公的人都没有。可见其时教师们在心理上是何等的惊骇。

为了躲避空袭的威胁，只能选择“跑警报”。为了躲警报，还把上课时间都改了。本来是八点钟上课，改成了七点，一节课也改成40分钟。日本飞机经常十点多钟来。到十点钟的时候，课差不多上完了，一来警报，全校师生赶紧就往郊外跑。下午呢，因为当时的日本飞机飞得比较慢，它要飞回越南去，需要时间，所以三点钟以后，飞机就不再来了。三点钟又解除警报，开始上课。〔3〕

空袭的灾难虽然惨烈，对联大人的生活造成了很大的困扰，但尚可到乡间、山野间逃避，且不是每时每刻都必须面

---

〔1〕 吴宓著，吴学昭整理注释：《吴宓日记》（第7册），生活·读书·新知三联书店1998年版，第246页。

〔2〕 文集编撰委员会：《一代宗师——曾昭抡百年诞辰纪念文集》，北京大学出版社1999年版，第336~337页。

〔3〕 张曼菱：《西南联大行思录》，生活·读书·新知三联书店2013年版，第152页。

对，贫困之苦就不同了，它如影随形般折磨着联大人。

陈寅恪曾有诗描述他自己当时生活窘迫的程度："淮南米价惊心问，中统钱钞入手空"，"日食万钱难下箸，月支双俸尚忧贫"〔1〕。陈寅恪是极少数的教育部部聘教授之一，还有着中央研究院的兼职，其收入远远多于普通教授，连他都为通货膨胀之速感到惊心，为生活贫困而忧虑，其他教授的生活就更困难了。

闻一多一家八口人，不得不住在一个"楼下就是马厩、牛棚"的小房子里，床上、地铺上，挤得满满的。为了节省开支，闻一多常常在早上领着他的孩子们去小河边洗脸。傍晚的时候，他又领着孩子们到收获过的稻田里捉蚂蚱和田鸡。尽管节衣缩食，但收入还是维持不了一家人的生活。无奈之下，只好"借贷度日"，甚至还"拍卖了自己仅有的一件大衣"，"忍痛卖掉自己最心爱的藏书"。〔2〕这样的生活，用饥寒交迫来形容，是一点都不过分的。

不仅是联大的那些名教授生活艰难，就是当时联大的最高领导人梅贻琦，家庭生活也颇为窘困。这从一件联大人广为传诵的轶事就可看出。

梅贻琦夫人有一次参加社会慈善活动，轮到她请客时，家中没有一文钱。于是，她就在大西门旁铺了一块油布摆个地摊，把孩子们长大后穿不上的小衣服，毛线头编结的东西

〔1〕 西南联合大学北京校友会编：《国立西南联合大学校史——一九三七至一九四六年的北大、清华、南开》，北京大学出版社1996年版，第73页。

〔2〕 闻一多纪念文集编委会：《闻一多纪念文集》，生活·读书·新知三联书店1980年版，第409~410页。

以及她自己的衣服摆上卖。一个早上卖了十元钱，总算勉强把这顿饭备上了。这样，梅校长夫人摆地摊的事也就流传了出去。〔1〕

总之，在当时的昆明，物价飞涨，国家给的薪水则是“初则原薪尚有折扣，继则所加不过十分之一二”。这就造成了“同人等薪津平均每月不及六百元，以物价增长三十倍计，其购买力只等于战前之十七八元”的状况。当时的联大，一个教授要养活的往往是“平均五口之家”，十七八元的购买力，如何能负担得起？这就难怪他们发出“何以自存”的责问了。〔2〕

生活于危难与穷困之中，这无疑会对他们的“坐而论道”产生很大的甚至是决定性的困扰。幸运的是，联大学人具有超越危难与穷困的达观情怀，这就使得那些危难与穷困变得无足轻重。那么，联大学人的达观情怀表现在哪些方面呢？这体现在他们面对危难所展现出来的坦然、平静，甚至发自内心的喜乐上。

虽然身处危难之中，但联大学人依然保持着文人特有的智性的情趣。谈诗论文，在和平年代，素为文人所喜。在此时，众多学者依然常常聚集在一起谈诗论文。如浦江清在其日记中就曾经记载：“天阴，寒甚。在闻一多家围炉谈诗。游泽承谈散原诗尤有劲。传观诸人近作，佩公（朱自清）晚霞

---

〔1〕 张曼菱：《西南联大行思录》，生活·读书·新知三联书店 2013 年版，第 186 页。

〔2〕 清华大学校史研究室：《清华大学史料选编》（第 3 卷·上），清华大学出版社 1994 年版，第 331 页。

诗，重华黄果树瀑布诗，泽承律诗数章均佳。”[1]除了谈诗论文，手谈也是知识分子不可或缺的文人雅趣。吴宓就是这样一个在战乱中依然不能忘却如此雅趣的人物。他很喜欢下围棋，可是，在蒙自无围棋可买。无奈之下，吴宓找来木头自制木板棋盘，另外买了四百粒纽扣——黑白各二百粒，用来当作棋子。这样就可以下棋了。在战乱颠沛中依然不忘论诗弈棋，可见其心境之坦然、平静。

即使生活在苦难之中，他们还能发掘出其间的苦涩之美，让人粲然一笑。联大教室是铁皮做的屋顶，如果遇上下大雨，雨水打在铁皮上面，声音很大，往往会盖过教师讲课的声音。一次，联大经济学院的陈岱孙教授给学生上“经济学概论”一课时，讲到一半时，风云突变，下起了大雨，教室顶部发出了很大的声音，陈岱孙尽管提高嗓门上课，学生依然听不清他的声音。陈岱孙苦笑着转过身来，在黑板上写下四个大字——“下课赏雨”。对此，学生们不约而同地笑了。[2]

许多联大学人在危难与艰辛中，甚至还表现出惊人的快乐。如金岳霖为躲避日本人的空袭躲在乡间时，曾经寄居在钱端升家。钱家有两个孩子，一个乳名叫“都都”，一个乳名叫“弟弟”。金岳霖经常和两个孩子在一起玩，他一见到两个孩子，就用他们的乳名来哼《马赛曲》，“都都……”，“弟弟……”；或者用口哨吹出《马赛曲》，很能吸引两个孩

〔1〕 西南联大北京校友会编：《庆祝西南联合大学成立65周年纪念特辑》，载《西南联大北京校友会简讯》第32期，第74页。

〔2〕 云南省政协文史资料研究委员会等合编：《云南文史资料选辑》（第34辑），云南人民出版社1988年版，第165页。

子。孩子们一见到他，就高兴地叫“金爸，金爸”[1]。如果没有发自内心的快乐做支撑，如何可能有和同事的孩子经常玩耍、逗趣的举动？

联大机械系系主任李缉祥也是一个与金岳霖类似的人物。有一次，他给大家讲过这样一个兄弟二人巧续对联的故事：

> 有一天，哥哥把自己的照片挂在书房的墙壁上，并且在旁边写了四句话：
>
> 仪貌堂堂，挂在书房。
>
> 有人问我？王氏大郎。
>
> 他的弟弟看见后，在每句后面加了两个字：
>
> 仪貌堂堂无比，挂在书房墙壁。
>
> 有人问我是谁？王氏大郎阿弟。
>
> 他的哥哥看见后，又在每句后面加了两个字：
>
> 仪貌堂堂无比之容，挂在书房墙壁之东。
>
> 有人问我是谁之像？王氏大郎阿弟之兄。

这一故事讲完后，在场的人无不捧腹大笑。[2]从这一讲故事的情态上，我们不难看到这个讲述者内心所蕴藏的快乐。

总之，正是因为联大学人具有从苦难中超拔出来的情怀，才使得他们不为世俗生活中的危险、困苦所羁绊，以宁静、超然的心态沉入师生安坐论道的世界中，并乐此不疲。

---

〔1〕 刘培育主编：《金岳霖的回忆与回忆金岳霖》，四川教育出版社 1995 年版，第 152 页。

〔2〕 云南省政协文史资料研究委员会等合编：《云南文史资料选辑》（第 34 辑），云南人民出版社 1988 年版，第 512~513 页。

第二节　师生之间日常生活中游谈的存在形态

联大师生日常生活中的游谈往往有两种形式。一种是由明确的目的或任务引入的畅谈，另一种是没有明确目的或任务、触境而生的漫谈。在课外围绕毕业论文指导发生的畅谈，便是第一种游谈的代表。

一、目的指向明确的畅谈

在这一活动中，教师在如何进行研究上的卓识，往往会在悄然间传递给学生。

闻一多与学生之间的这种畅谈便是显例。一名学生到闻一多的家中与其讨论毕业论文的写作事宜。这名学生说出了自己的想法：写中国文学中的人民性问题。有三个论题在他的考虑范围之内：一是中国文学史上的人民性，二是唐诗中的人民性，三是“五四运动”以来的新文学。听了学生的这一想法，闻一多笑着说：“你的野心真不小，中国文学史上的人民性太广泛了，怎么集中呢？‘五四’以来的新文学意义深远，但我们手边的材料不够用，再说你写得再好，也拿不出来（原文注：指论文审查）。将来再写，你会写得更完美的。那么，依我看现在最好是写唐诗，不过‘人民性’这题目太显露，你看很多文章不是都讲什么‘思潮’之类吗？我们也含蓄一点，就定为‘唐诗中的文艺思潮’如何？”这名学生自以为完全领会了闻一多的意思，就回去收集资料、写作提纲去了。

一个月后，他拿出了一份提纲，主要内容包括唐诗的渊源、它的流风所及的影响、各个作家的特点、作品的归类等方面。他拿着这一提纲去找闻一多，令他意想不到的是，闻一多一看这一提纲，脸色便沉下去，以严肃的口气对那名学生说："你，为什么也这样俗气？按这个提纲写下去，能符合我们原来的要求么？"随后便对学生的提纲动了"大手术"。如何动"大手术"呢？首先在提纲的前面加一"序"字，意即须有一引言导入正题。其次，将第一大部分的标题改为"从天宝之乱谈起"，将第二大部分改为"唐诗中的人民思想之成长"，在第二大部分下又分了甲、乙、丙三部分：甲部分是"大历"年间的元结与杜甫；乙部分是"长庆"年间的元稹、白居易；丙部分是"晚唐"的刘驾、聂夷中、曹邺。再次，将第三大部分改为"唐诗中的会社"，下面开列"军旅、妇女、农民、商人、知识分子"五个方面。最后，把原稿的第二页、第三页都删掉，只保留一个"四"字，并写上"结语"二字。同时，他对他的学生说："序和结语都不要太长，天宝之乱是主要一环，而具体地谈人民性应放在'三'上，读全唐诗要特别注意晚唐。"指导性的意见谈完了，他的面色才转为慈和，用一种鼓励小孩子般的亲切语调说："拿去，好好写吧！"[1]

从闻一多这一指导学生写作毕业论文的过程，我们不难看到，西南联大的教授们在指导学生做研究上是何等全面、细致，又是何等具有卓识。从大的方面来说，他主要是指导

---

〔1〕 闻一多纪念文集编委会：《闻一多纪念文集》，生活·读书·新知三联书店1980年版，第284~285页。

学生注意两点：其一，选题要有可行性。题目太大，缺乏驾驭的可能，不可取。另外，选择研究的题目时要考虑文化环境，尤其是政治环境是否允许，如果不允许，再好的题目也不能去做。其二，研究应有问题意识，紧紧扣住特定的问题进行研究与论文的写作，不能游骑无归。这些虽不是什么高深的道理，但如非真正的过来人，是不可能有这样的识见的。从小的方面来说，闻一多把资料是否足以支持研究的进行、论文的标题如何设计不至于让人难以接受、论文的序言与结语怎样来写等，都为学生考虑到了。这样的论文指导，也只有联大那些既具有高明的学术智慧，又对学生有着深挚爱心的学人才能做到。如闻一多这样的导师还有不少，兹再举一例。

吴宏聪在写本科毕业论文的时候选的课题是研究曹禺，导师是杨振声。当吴宏聪向杨振声请教毕业论文如何着手的时候，杨振声滔滔不绝地讲了很多东西。他先是从曹禺的家庭出身、教养和《雷雨》《日出》的写作经过谈起，甚至把曹禺在四川戏剧学校与某女士谈恋爱的感情纠葛都谈到了。在此基础上，在治学的大原则上谆谆教诲吴宏聪："要了解作品，必须了解作家的生活和时代，不然，你就无法了解为什么他要写这样的作品和怎样去写这样的作品。"这是相当高明的原则性指导。直到现在，我们的学人还在大谈知人必须论世，文本研究必须以了解文本产生的生活、社会背景为基础等问题。在半个多世纪前就有此卓识，是相当不易的。另外，杨振声还具体指点吴宏聪：其一，《雷雨》的序和《日出》的跋都是"奇文"，写得特别长，要对读者讲的大多数话都在其中，要细读；其二，曹禺特别喜爱契诃夫的戏剧。因此，他在《日出》的跋中公开说，他愿意拜这位艺术大师为师，“低首下气地做个低劣的学徒”，故可以找几本契诃夫的剧作来读一读。〔1〕建议细读《雷雨》的序和《日出》的跋，其实是在强调研究作家必须细读作家的核心文本；提议读契诃夫的戏剧意在从文学因缘的角度来理解作家与作品。这都是文学研究上的见道之解。

从上面的例证可以看到，在毕业论文指导中，西南联大教师是抱着“要把金针度于人”的心态，毫无保留地把许多治学的指导性原则都传递给了学生。

除了毕业论文指导外，当学生面临人生的重大选择时，也会为之当面听取老师的意见，师生之间的畅谈往往由此而生。

社会学系的刘绪贻在四年级毕业时，就面临着痛苦的人生抉择。当时的西南联大社会学系教授陈达和在西南联大任兼职教授的费孝通都希望刘绪贻能够留在昆明，继续从事社会学研究。可是，刘绪贻当时的女朋友周世英已经在重庆盐务局工作，强烈要求刘绪贻去重庆工作。听从老师的召唤还是顺从女友的心愿，成为摆在刘绪贻面前的一道难题。为了解决这一难题，刘绪贻专门去找费孝通，与他进行了一夕恳谈。在这次恳谈中，费孝通结合自己的人生经历，推心置腹地跟刘绪贻说，“爱情的事是暂时的，可以变化的，而学术事业则是长远的，甚至是永远的。”言下之意是劝导刘绪贻

〔1〕 西南联大北京校友会编：《庆祝西南联合大学成立65周年纪念特辑》，载《西南联大北京校友会简讯》第32期，第52页。

为了事业而舍弃女友。虽然刘绪贻最终经过思想斗争，没有听从费孝通的劝导，但这温馨的一幕，牢牢地镂刻在刘绪贻的脑海中，垂暮之年依然鲜活如昔。〔1〕

何兆武在大学时代曾经在人生的意义问题上面临艰难选择。他在阅读乌纳穆诺的《人生之悲剧的意义》一书时，书中的核心观点给他带来了很大的困惑。这一核心观点是，人生的意义是为了追求世俗的光荣。面对这一观点，他朦朦胧胧觉得其大有问题，需要更高的价值来超越之，但是他自己又找不到更有说服力、更崇高的理念来替代它。于是，他就去找哲学家汤用彤，寻求汤氏的指点。汤氏给出的意见是，"人生的意义不是光荣，而是心灵的平静"〔2〕。从此以后，鄙弃所谓的世俗的光荣，追求个体心灵的宁静，成为何兆武一直坚持的人生信条。

从上面的两则典型史料可以看到，无论是在人生的大方向的选择上，还是在具体的人生困境的解决上，西南联大的学生都会怀着极大的信任，寻求老师的帮助、点拨，教师们也都是敞开心扉，畅所欲言。这种畅谈之中氤氲的相互信任、亲密无间，对于学生拓展心胸，改变观念，能够起到特殊的作用。

除了由特定目的或任务引发的游谈之外，更为经常而广泛的师生之间的游谈存在于老师与学生在日常交往中随机而

---

〔1〕 刘绪贻口述，余坦坦整理：《箫声剑影：刘绪贻口述自传》，广西师范大学出版社 2010 年版，第 136 页。

〔2〕 何兆武口述，文靖撰写：《上学记》，生活·读书·新知三联书店 2006 年版，第 202 页。

生的、没有任何拘束的聊天。因为老师或学生受日常生活中特定情境的触发，或教师随心而发，或学生随机发问，师生之间的漫谈便得以展开。这种漫谈，几乎每天都在教室、茶馆、宿舍、操场、弯弯曲曲的校园小径上发生着。

二、触景而生的漫谈

一般来说，这样的漫谈，往往是以老师对学生的谆谆教诲的形式存在着的。在联大学子的回忆中，这样的例证可谓不胜枚举。

钱穆在联大讲“中国通史”一课时，星期五、星期六住在联大的宿舍，许多学生都去“拜谒、请益”，“学生们或坐床上，或倚壁而立。一些人方辞出，一些人又进去，常常络绎不绝”。对此，钱穆“毫无倦怠不胜烦之意”。在“请益”中，有的学生问的问题很浅，几乎没必要回答，但钱穆都一一认真解答。对此，钱氏十分信任的学生李埏十分不解，就问钱氏为何如此。钱穆的回答是：“你知道张横渠谒范文正公的故事吗？北宋庆历年间，范文正公以西夏兵事驻陕西。横渠时年十八，持兵书往谒。文正公授以《中庸》一卷，说：‘儒者自有名教可乐，何事于兵。’横渠听了，幡然而悟，遂成一代儒宗。可见有时话虽不多，而影响却不小。”〔1〕由此可见，钱穆之所以对任何一个求教的学子都毫无倦怠之意，是因为他对每位来访者都寄予厚望，希望他们都能经其点化而觉悟、成才。这恐怕也是联大教授的共同心愿。正是因为

〔1〕 中国人民政治协商会议江苏省无锡县委员会编：《钱穆纪念文集》，上海人民出版社 1992 年版，第 10~11 页。

有着这样的殷切之情，联大的教授才不约而同地表现出对学生的诲人不倦。

沈从文家在呈贡县，每星期两天住在联大宿舍，宿舍里几乎从早到晚都有学生前去请教。当时的学生林蒲在晚年回忆这段岁月时深情地说："只要我愿意学习写作，那就随时随刻都能得到沈先生的热情的帮助。我当时在国内发表的文章，绝大多数都是经沈先生润色过的，至于我的稿子全篇被退回来让重写也是家常便饭。慢慢地，我发现了'从师问道鱼千里之乐'。没有沈先生的首肯，我对自己的习作就没有安稳过关的感觉。沈先生不善给人讲大道理，不太搬弄文艺理论，而以自己创作上的经验来循循善诱给人以启发。"〔1〕"随时随刻都能得到沈先生的热情的帮助"虽是不无夸张之辞，但这正反映了沈从文的诲人不倦。

燕卜荪的住处则是学生诗人的"天堂"。穆旦、王佐良、赵瑞蕻、杜运燮等学生常常去找燕卜荪求教，在那里，他们"总是受到热情的接待"，不但可以"大谈奥登、布莱克"，还"可以抽烟，可以一块儿喝酒"。〔2〕

当然，除了老师对学生的和风细雨式的谆谆教诲之外，师生之间的漫谈以激烈争辩的形式存在的也不乏其例。

曾任清华大学党委书记的贺美英在回忆其父贺麟与学生交往的细节时曾说："经常有学生到家里来，他们高谈阔论。

〔1〕 西南联合大学北京大学校友会编：《笳吹弦诵情弥切——国立西南联合大学五十周年纪念文集》，中国文史出版社 1988 年版，第 115 页。

〔2〕 杜运燮等编：《丰富和丰富的痛苦——穆旦逝世 20 周年纪念文集》，北京师范大学出版社 1997 年版，第 172 页。

我是小孩，我不懂他们在争什么。但是不同的看法可以争论得很激烈，都是在做学问的这种精神。……后来我看到父亲的日记，说他经常和学生探讨人生、学问。这样的探讨，到家里来，就是平等的探讨。”[1]从这则材料中，我们可以看到，在贺麟和到其家中的学生纵论人生、学问之时，由于看法的不同，常常发生激烈的争论。

后来成为著名诗人的赵瑞蕻在回顾西南联大的学生生活时曾说：

> 一九三九年秋，有一天上午，我在联大租借的农校二楼一间教室里静静地看书，忽然有七八个人推门进来，我一看就是算学系教授华罗庚先生和几位年轻助教和学生（我认得是徐贤修和钟开莱，这两位学长后来都在美国大学当教授，成了著名的学者专家）。他们在黑板前几把椅子上坐下来，一个人拿起粉笔就在黑板上演算起来，写了许多我根本看不懂的方程式，他边写边喊，说：“你们看，是不是这样？……”我看见徐贤修（清华大学算学系毕业留校任助教的温州老乡，当时教微分方程等课）站起来大叫：“你错了！听我的！……”他就上去边讲边在黑板上飞快地写算式。跟着，华先生拄着拐杖一瘸一瘸地走过去说：“诸位，这不行，不是这样的！……”后来他们越吵越有劲，我看着挺有趣，当然我不懂他们吵什么。最后，大约又吵了半个多钟头，我

[1] 张曼菱：《西南联大行思录》，生活·读书·新知三联书店 2013 年版，第 167 页。

> 听见华先生说："快十二点了，走，饿了，先去吃点东西吧，一块儿，我请客！"[1]

在此，我们不难看到，在课外师生就学术问题畅所欲言时，作为名教授的华罗庚没有丝毫的架子，与学生的争论可谓不可开交。

何兆武在其晚年忆念西南联大的文字中曾说过，理学院有一个姓熊的同学，特别喜欢和周围的师生争辩。在周培源给他们上"力学"课的时候，经常在下课之后跟周培源论辩。周培源常常对这个同学说："你根本就没懂！你连基本概念都没有弄通！"可是，这个同学总是不依不饶，依然与周培源争辩不休。在他们争辩的时候，还有很多人在听。以至于周、熊二人争辩、众多人围着听，成了西南联大南区教室的一景了。[2]师生在公众场合的争辩居然能够成为大学里面固定的一道景观，可见师生之间的争辩在当时是何等的常见。

总之，在课外，不论是在课余的教室、校园的小径，还是教师的居室，学生和教师都可以就人生、学术问题展开激烈的争辩。在这样的争辩中，所谓的师道权威是不存在的，师生之间完全以平等的姿态畅所欲言。这样的恣意畅谈喷涌的激流，与教师对学生教诲为外显形式的涓涓溪流，共同协奏出一曲联大师生漫谈的华美动人的乐章。

---

〔1〕赵瑞蕻：《离乱弦歌忆旧游——纪念西南联大》，载《新文学史料》2000年第2期。

〔2〕何兆武口述，文靖撰写：《上学记》，生活·读书·新知三联书店2006年版，第112页。

第三节　师生之间日常生活中的游谈对学子精神生活的影响

一、学术理念的传承

在西南联大师生之间的畅谈、漫谈中，教师的心态往往甚为放松。这一点，我们从两件逸事中不难看到：其一，金岳霖在陈蕴珍等人组织的学术沙龙中正谈到兴浓之时，突然停下来，说："对不起，这里有个小动物！"说着，右手从后脖领伸进去，捉出了一只跳蚤。其二，有一次，当学生在漫谈中问金岳霖为什么研究逻辑学时，他说："我觉得它很好玩！"[1]这里或许有名士风流、不拘小节的因素在里面，但更可能的是，在这种非正式的"学术聊天"中，教师心态非常放松，故可以畅所欲言。如果在正式的课堂教学之中，恐怕再有魏晋风度的人，都不会在讲课中去捉跳蚤，也不会说研究逻辑好玩这样随性的话吧。在心态非常放松的情况下，思绪如天马行空，灵思源源不断涌出也是自然而然的事。因此，那些学者在这样的"神聊"中，往往是咳玉唾珠，学子们便常常可在看似漫无边际的闲聊中得到学术上的滋养。让我们从下面的几条史料中来考察这一点。

张世英经常到冯文潜家中请教进学之道，其中的一次交流，让张世英一辈子都印象深刻。对于此次交流，张世英曾经这样说：

---

〔1〕汪曾祺：《沈从文先生在西南联大》，载《人民文学》1986年第5期。

他特别嘱咐我，要我熟读柏拉图的《理想国》，他说："这才是西方哲学史上最最重要的必读之书，要像读《论语》一样地读。"我似乎感到我原来随手抓的那本巴克莱《人类知识原理》没有抓到点子上。我当时对西方哲学原著根本没有什么叫作重要什么叫作次要的观念。柳漪师还非常具体地教了我一套读《理想国》这样的经典著作的办法。他要我每读完一节或一章，就合上书本，用自己的话把原文的大意写下来，个人的心得和评论写在另一旁。他说："我看你的读书报告，首先是注意你自己的理解和概括是否与原文的原意相符合，但又不准你照抄原文，要你合上书本再写，尤其不要满纸都是自己的评论，实际上，却连原意都理解错了，弄得文不对题。"的确，我在写读书报告的过程中，有时自以为懂了，临到执笔，却又表达不出来，概括不起来，这时就会深切地认识到自己对原文还懂得不透，于是打开原书再看，再合上，再写，这样写完一次读书报告之后，原著的那一部分内容就不仅懂得比较透彻，而且也记得比较牢固了。实在不懂的地方，口头请教老师。这就更加终生难忘。柳漪师评阅时，既看我个人的评论，更着重在有失原意之处。他提醒我，基础性的东西，就得这样学。我当时暗想，老师有点"述而不作"，但后来每一回想，却越来越觉得从他那里学得的知识最准确，最熟透。巴克莱的《人类知识原理》一书的后面部分，我也是用他教我的这个办法来自学的。巴克莱的《人类知识原理》和柏拉图的《理想国》是我与西方哲学"初

> 会”的两本原著，也是我读得最熟的两本西哲原著。怎样打基础？怎样做学问？我在这些方面深深受益于柳漪师。我希望现在的青年对于打基础的东西也不妨试用一下这个办法，或许苦一点，甚至会有人不屑于这样做，但等到年纪大了，我猜想会感到终生受用。[1]

在这一忆念性文字中，我们可以看到，在冯文潜和张世英的交流中，冯文潜让张世英懂得了研究西方哲学要精读最基本的读物及读书时准确把握哲学原著精髓的方法。这些治学的大根大本的原则与方法，对于张世英来说，是“终生受用”的。

历史系学生李埏常常亲近钱穆。有一次，李埏送钱穆返回住处。走在路上，钱氏于闲谈之中指导李埏治学之道，其大意是：“治史须识大体，观大局、明大义，可以着重某一断代或某一专史，但不应密封自闭其中，不问其他。要通与专并重，以专求通，那才有大成就。”[2]这一教诲，成为李埏的治学指南。后来，他在宋史、地方史、经济史等多领域研究的基础上，才以经济史研究为专攻。[3]这正是对钱穆的“先通后专”教导的践行。

刘叔雅在与吴小铃闲聊中，谈到《金瓶梅》的作者问题时，刘氏认为：“《金瓶梅》的作者是明代中叶一个北京作家

---

〔1〕 张世英：《归途：我的哲学生涯》，人民出版社2008年版，第33~34页。

〔2〕 中国人民政治协商会议江苏省无锡县委员会编：《钱穆纪念文集》，上海人民出版社1992年版，第13页。

〔3〕 陈友康、罗家湘：《20世纪云南人文科学学术史稿》，云南人民出版社2003年版，第313页。

写的。”他举出的证据有两条：一是小说里提到北京正阳门内的兵部洼。二是小说里把北京郊区出产的“伏地苹果”叫“虎拉宾”。这启发了吴小铃，使他认识到，即使作者不是北京人，也是一个对北京非常熟悉的人。这成为吴氏探究《金瓶梅》作者之谜的重要提示。〔1〕

从上面的几个例证可以看到，这样的“学术聊天”，常常涉及的是研究、撰述等大的原则、取向，与系统、具体的内容、方法无涉。这既是这一学术传承途径的不足，也是它的优点。它的不足在于不能进行具体的内容、方法的示现，充分展示某一研究领域的独特魅力，但正由于它的游谈随意、灵活多变，才可以对学生在治学观念上形成非常广泛的影响。这一点是正规的课堂教学所不及的，毕竟课堂教学有着相对固定的教学内容，不可能漫无边际。因此，在联大学生看来，在这一“大课堂”中所获得的，比在课堂上还要多。如汪曾祺在提到沈从文对学生的影响时说：“沈先生对学生的影响，课外比课堂上要大得多。”〔2〕李埏在谈到张荫麟时说：“由于他诲人不倦，我感到课外从他得到的教益比在课堂上还多。因为在课堂上他是讲授专题，系统性逻辑性强，不可能旁及专题以外的学问；在课外，则古今中外无所不谈。”〔3〕这都是实事求是的评价。

〔1〕 云南省政协文史资料研究委员会等合编：《云南文史资料选辑》（第34辑），云南人民出版社1988年版，第185页。

〔2〕 汪曾祺：《沈从文先生在西南联大》，载《人民文学》1986年第5期。

〔3〕 广东省东莞市政协主编：《张荫麟先生纪念文集》，汉语大词典出版社2002年版，第267页。

二、德性的陶冶

师生之间日常生活中游谈的重要作用不仅在于能够对课堂教学形成一定的智性引导上的互补，在陶冶学生的品格上，更是发挥着重要作用。这首先表现在联大教师将生命忘我地投入探究自然、人生奥秘中的精神，在面对面的畅谈中对学生产生了强烈的“辐射”作用。用联大学子的话来说就是：“我接触到的老师，什么时候你见到他，你都觉得他是在思考问题。他的生活跟思考完全连在一起，并不是说上课是一副教书的样子，而是他什么时候都是这个样子。你跟他交流的时候，他就跟你谈有关的问题。”[1]受他们这种精神潜移默化的影响，在学生身上也形成了一种学术与生命合一的品格。在谈到这一点的时候，已经进入垂暮之年的著名诗人郑敏曾这样说：

> 我觉得西南联大的教育一个最大的特点，就是每个教授他这个人跟他所学的东西是融为一体的。因为在战争时期，我们都住得非常近，我经常在街上碰见那些教授，你会觉得他们走到哪都带着他的问题，他的人跟他的学问是合一的。这对我的熏陶极深，我就生活在一个浓厚的学者的文化艺术的氛围里面，这种无形的感染比具体知识的传授要大得多，像是注入了一种什么东西到我的心灵里面，以后我对艺术的尊敬，对思考的坚持，

〔1〕张曼菱：《西南联大行思录》，生活·读书·新知三联书店 2013 年版，第 217~218 页。

都是从这里来的。[1]

正是因为联大学子具有学问与人生合一的品格，所以，他们才将“真正潜心学术的人是要把生命放进去的”[2]奉为自己的人生准则，几十年如一日地沉浸在一个又一个宇宙、社会、人生的“真问题”中，并为解决那些“真问题”而不懈努力。

王瑶便是这样的一个典型。他之所以能成为著名的现代文学研究专家，与其“几十年如一日地时时刻刻都处在‘学术研究状态’中，连平时看报、听戏、看电影都能随时赋予他学术的灵感”[3]有着密切关系。据曾经协助王瑶写作《〈故事新编〉散论》的钱理群说，王瑶为研究《故事新编》所积累的材料，“有的是剪报，有的是正规的卡片，有的竟是香烟盒、旧日历；上面或密密麻麻地抄录着原始材料，或歪歪斜斜地写着三言两语偶尔掠过的思考，有的就只有有关材料的出处；再仔细看，这些纸片的时间跨度竟长几十年。”[4]如不是将学问融入日常生活之中，是不会有这样的情形出现的。

著名的哲学史家张世英也是如此。他在接受记者采访时，记者问：“张先生会觉得生活孤单寂寞吗?”他的回答是：“我一点都不寂寞，我是一个问题接一个在考虑。……我的新书《哲学概论》把我最近一二十年的东西总结了一下。我

---

〔1〕 郑敏：《思维·文化·诗学》，河南人民出版社 2004 年版，第 269～270 页。

〔2〕《朱德熙先生纪念文集》编辑小组编：《朱德熙先生纪念文集》，语文出版社 1993 年版，第 15 页。

〔3〕 钱理群：《世纪末的沉思》，河北人民出版社 1997 年版，第 49 页。

〔4〕 钱理群：《世纪末的沉思》，河北人民出版社 1997 年版，第 49 页。

在想下一步干什么，想向美学伸展，写一个系统的东西，希望自己的哲学有体系而又不是概念化的。他们都说我的哲学已经成了体系，但我自己还很不满意。我很少一个人在家闲坐，总是看书或者写文章。一离开书桌，我就去周围公园散步。哲学和散步都不误，散步时还想哲学问题。”〔1〕他的“一个问题接一个在考虑”与“散步时还想哲学问题”等语，正是其将学问融入生命、不倦探索的最好表白。

学术与生命合一的品格对于学者的治学来说固然重要，但是，在学术工作中要抱持家国天下情怀、坚守独立精神等品格，更不可等闲视之。在这些方面，联大的教师也在日常的漫谈中对学生产生了深刻影响。

郑临川在上闻一多的“楚辞”一课时，听说闻一多特别喜欢奇谈怪论，所以，在写作课程结业论文时，力图通过自己的努力，证明历史上的屈原其人是不存在的。这可谓极其大胆的新异之论。为此，闻一多专门约郑临川去家中畅谈。在畅谈中，针对郑临川课程论文中企图否定屈原存在的取向，闻一多特别严肃地说：“否认屈原的存在，对于抗战有什么好处呢？要记住，做学问不是为了自我表现，是要为国家民族的生存和进步作出有益的贡献啊！”这一席话使郑临川“羞愧万分”，受到了“深刻教育”。〔2〕在这里，闻一多对郑临川的谆谆教诲，突出强调的是，做学问不是为了满足小我

〔1〕 张世英：《北窗呓语——张世英随笔》，东方出版社1998年版，第325页。

〔2〕 闻一多讲述，郑临川记录：《闻一多西南联大授课录》，北京出版集团公司、北京出版社2014年版，代序。

的私利，而是为了国家、民族的大利与大义。

郑临川在旁听罗庸的“唐诗”课时，交了一份作业，引起了罗庸对郑临川的注意。有一天，罗庸专门约见郑临川，于是郑临川与一位同学一起，去罗庸的家中拜访。从郑临川的作业中，罗庸知道了郑临川的家乡是湖南，且“身世孤贫”。因此，罗庸特别在漫谈中一再称赞湖南的先哲们对中国近世政治、文化所做出的重要贡献，并特别告诉郑临川：今后一定要好好精读《船山遗书》，学习他在民族危急存亡的关头，毫不灰心丧志，在万分艰苦的环境里为未来复兴大计发奋著书的治学精神。[1]与闻一多对郑临川的教诲相比，罗庸的教导更有针对性。在抗战时期，对于国家的存亡，不少人是持悲观论调的，为了防患于未然，罗庸特别教导郑临川，要郑氏勇于承继乡贤的精神，在极端艰难的环境下，绝不灰心丧志，立志为国家的复兴积累学术资粮。一片苦心，尽在其中。

在本科毕业时，吴宏聪选了杨振声作为自己的毕业论文指导教师。二人商定，将“研究曹禺”作为毕业论文的选题。题目商定后，过了很长时间，吴宏聪都没有把成文交给导师。于是，杨振声便约吴宏聪面谈。通过当面交流，杨振声这才知道，原来吴宏聪顾虑自己的观点与导师的观点不尽一致，怕在导师那里通不过，故迟迟不敢上交论文。对于吴宏聪的这一顾虑，杨振声很明确地说：只要认真研究，掌握原始材料，言之成理，持之有故，尽可写成论文。师生完全

〔1〕 罗庸讲述，郑临川记录：《罗庸西南联大授课录》，北京出版集团公司、北京出版社 2016 年版，代序。

一个样，学术怎能发展？学术面前，只重证据，不论资格。后来吴宏聪成了中山大学的名教授，经常以此精神教导下一代。在杨振声对吴宏聪的这一番教导中，集中想要表达的意思是，做学问要坚持独立精神，唯真理是从，决不能唯师是从。

综上所述，西南联大的教师在与学生恳挚的游谈中，不但将学术与生活合一的品格植入了学生心中，还将学者必具家国天下情怀、必须坚守独立品格等德性，镂刻在学生的心灵深处。这对于联大学生以阔大的胸襟独立治学，几十年如一日不懈投身学术，最终成为一流学者、国之栋梁，具有重要的支撑作用。

总之，在西南联大，几乎在每一个学术、人格上具有一定魅力的学人身边，都有一大批探求人生与学术之道的学生追随。他们在一起海阔天空地聚谈，使幽僻的校园小径、蛰居的斗室、人声嘈杂的茶馆、风景优美的林泉，都成为另外一个大课堂。在这一大课堂上，联大的教师们以其深挚的仁心、深厚的学术功力与飞来的灵思点燃了联大学生心中的智慧之灯，塑造了联大学生的高贵品格。对于联大学子的成人、成才来说，这些影响都是深刻而久远的。

第三章

大学生阅读生活对其精神建构的影响

——以民国时期北京大学为范围的研究

北京大学的前身是京师大学堂，诞生于民族危难之际，是戊戌变法的直接产物。民国时期（1912—1949 年），中国处于内外交困的境地，战争频繁，导致社会政局动荡，经济发展缓慢。在这一时代背景下，北京大学不仅成为全国最具影响力和号召力的高等学府，而且培育出无数优秀人才，如张中行、邓中夏、顾颉刚、茅盾、俞平伯等。阅读相关文献资料后发现，北大学子之所以在民国时期脱颖而出，成为各行各业出类拔萃的人才，既有赖于名师的谆谆教导，也离不开其在大学校园内进行的阅读活动。他们在阅读过程中将思考与感悟内化成知识、思维、情感、价值观、审美观等，通过阅读塑造、扩展和涵厚自身的精神空间，其精神空间的建构过程即是北大学生自我完善与发展的过程。民国时期北大学生通过阅读塑造精神空间的历史经验，对当代高校和大学生具有重要借鉴意义，因此，民国时期北大学生的阅读生活，值得我们深入探究。下面，我们就进入这一探究的历程。

第一节　民国时期北大学生阅读生活植根的土壤

阅读是大学生在校园生活中非常普遍的行为，学生的阅读动机、阅读场所及对读物的选择等都会受到外部因素的影响。因此，研究民国时期北大学生的阅读生活，首先应该着眼于北大学生所处的时代背景和校园环境。

一、动荡不安的民国时期

（一）政权更替频繁

辛亥革命为中国开创了全新局面，中国由此进入民国时期。但中国的政局并没有因此稳定，整个民国时期，政权更替频繁，概括来讲，中华民国经历了中华民国成立初期，即临时政府时期；北洋军阀时期，即北京民国政府时期；国民党政府时期。国民党政府时期，又经历了三个阶段：国民党建立初期、抗日战争时期、从抗日胜利到国民党政府败亡时期〔1〕。

1912 年，中华民国临时政府在南京成立，但由于政治局势过于复杂，资产阶级革命派未能取得南京临时政府的领导权，孙中山迫不得已辞去临时大总统职务，让位于袁世凯。同年 5 月，临时政府迁至北京，标志着以袁世凯为首的北洋军阀政权建立起来。袁世凯企图开复辟帝制的历史倒车，于

〔1〕 李华兴主编：《民国教育史》，上海教育出版社 1997 年版，第 4 页。

1915 年改中华民国为“中华帝国”，并举办登基大典。袁世凯倒行逆施，激起了全国人民的激烈反抗，最终称帝失败。袁世凯死后，北洋军阀分裂成直系、皖系、奉系三派，中国陷入了军阀割据的混乱时代，中央政权频频易手，也导致帝国主义列强趁机在中国不断扩张势力。1925 年，国民党在广东成立国民政府，隔年，成立国民革命军，在蒋介石的领导下开始北伐战争。至 1928 年，在国共两党共同努力之下，北伐战争取得了胜利，国民党政府在形式上统一了中国。

1931 年，日本发动“九一八事变”，中国进入抗日战争时期。中国共产党和中国国民党形成抗日民族统一战线，开始第二次国共合作，并赢得了最终的胜利。抗日战争结束后，中国人民解放军在中国共产党的领导下取得了第二次国共内战的胜利，于 1949 年 10 月 1 日成立中华人民共和国。

中华民国从成立到灭亡历时 38 年，既有外敌，又有内乱，期间政权更替频繁，战争连年不断。北京大学还曾为躲避抗日战争的影响，和清华大学、南开大学一同迁至昆明，组成国立西南联合大学。北京大学就是在这样的历史背景下成立并发展起来的，这使得北大始终与中华民族的命运紧密相连。爱国与进步不仅是时代的主题，更成为北大学子肩上的重任，求学不忘救国的信念对他们开展阅读活动以及选择读物等都产生了巨大的影响，比如一下课便钻进图书馆，利用一切课余时间读书求知，再如从研究四书五经转向攻读马克思主义书籍，从中探求救国救民之道。

（二）民族资本主义发展举步维艰

民国时期，受政治环境的影响，民族资本主义发展缓慢且不稳定。1912—1919 年，民族资本主义发展迎来“短暂的春天”。首先，封建帝制被推翻，阻碍民族资本主义发展的因素相对减少。南京临时政府颁布了一系列保护和奖励工商业的政策和法令，《中华民国临时约法》的颁布，使得民族资产阶级和民族资本主义工商业取得了合法的社会地位。由此，各地相继出现了各种实业团体，如“中华民国工业建设会”“中华实业团”，以及各省的实业协会纷纷建立，促进了兴办企业的热潮。[1]其次，1915 年，为反对袁世凯接受“二十一条”，各地中国人民纷纷发起抵制日货、提倡国货运动。在“中国人用中国货”的口号下，民族资本主义工商业获得较大的发展空间。最后，1914 年，第一次世界大战爆发，欧洲列强忙于一战，减少了民用商品的生产，对中国的商品输出量下降，还对国内市场的部分商品需求量增高。一时间，中国商品供不应求，价格上涨。同时民族资产阶级提倡“实业救国”的思想，许多商人大力投资民族企业，新设的纺织厂和面粉厂大量增加。此外，火柴、制糖、颜料、烟草等轻工业也有一定的发展。可惜好景不长，一战结束后不久，帝国主义势力卷土重来，民族资本主义工业随即衰退。

1927—1936 年，民族资本主义发展由盛转衰。南京国民政府建立后，开始制定和颁布扶植民营工业和促进经济发展

---

〔1〕 于素云等编著：《中国近代经济史》，辽宁人民出版社 1983 年版，第 249 页。

的政策和法规，还开展了国民经济建设运动，使得农业、矿业、交通运输业等均有相当发展。中国人民一边抵制洋货、提倡国货，一边奋力发展民族资本主义，国民生产总值逐年增长。但帝国主义列强一直没有停止侵略中国的脚步。日本于 1931 年发动“九一八事变”，其后在东北进行“经济统制”，致使东北工矿业完全附属于日本的经济体系。在全面抗战以前，外国资本不仅垄断了中国的重工业，也垄断了中国的轻工业，民族资本主义逐步走向衰败。

1937—1945 年，全面抗日战争时期，民族资本主义遭受空前打击。1937 年日本发动全面侵华战争，为了救亡图存、保存实力，许多民族资本家将企业迁往内地，并且克服重重困难尽快恢复生产活动，这对战时国民经济的发展以及军需民用物资的供给，发挥了重要作用。但是在沦陷区，有许多来不及内迁的企业，或被日本侵占，或被日军摧毁。此外，国民党统治区的民营工业受到官营工业的掠夺、控制、吞并和排挤。内外交困的局势导致民族资本主义遭受重创。

1946—1949 年，解放战争时期，民族资本主义陷入绝境。抗日战争结束后，美国加紧对中国的经济侵略，与国民政府签订的《中美商约》对中国的经济造成极大损害。条约签订后，美国对中国进行商品倾销，国货受到排挤。与此同时，官僚资本加强经济垄断，民族工业生存困难。国民政府横征暴敛，滥发纸币，致使通货膨胀，生产成本提高而产品销售缓慢。一时间大量企业倒闭，工人纷纷失业，民族资本主义遭受毁灭性的打击。

民族资本主义的发展历程是艰难曲折的，国民经济的窘迫导致大多数家庭的生活水平较差。据陈仲瑜回忆，北大的同学中，大多数来自外地，生活来源全靠家里父兄节省。〔1〕茅盾在北大求学时，为节省路费，寒假期间选择留在宿舍看书学习。还有不少学生因家庭没有能力供其上学，便选择半工半读，千家驹、罗常培等都曾在校外兼职，借此维持自己的学习与生活。艰难困苦，玉汝于成。清苦困顿的生活并没有挫伤北大学生对于知识的追求，反而激励他们为了国家富强而加倍努力。不论酷暑还是严冬，北大图书馆总是座无虚席，就连学校周围的茶馆，也成为学生们的自修室。

（三）新旧思想文化不断碰撞

一定时期的文化，是当时社会的政治和经济在观念形态上的反映。民国时期，中国依然是半殖民地半封建社会，帝国主义、封建主义和官僚资本主义如同三座大山一样，沉重地压在中国人民身上。为挽救国家民族于危难之中，先进的知识分子、爱国志士等不断涌现，他们大力宣传新思想新文化，但同时也有守旧派固守封建文化，从而导致“民国时期的思想文化在古今中外思想文化的碰撞融合中向前发展”〔2〕。

辛亥革命推翻封建君主专制制度，建立起共和政体，是中国近代历史上一次思想上的大解放，使民主共和观念深入人心。资产阶级革命派反对封建主义思想文化，宣传自由、平等的思想文化，并主张废除在学校的尊孔读经活动，提倡

〔1〕《老北大》编辑组编：《老北大》，中国文史出版社2016年版，第73页。

〔2〕李明建：《论民国时期思想文化的变迁》，载《文化学刊》2017年第11期。

民族主义精神。“但是，代表没落势力的旧文化，不会因一场政治风暴而消逝。”[1]民国初年，袁世凯骗取辛亥革命的胜利果实，登上民国总统之位后，一心想恢复封建帝制，极力推崇尊孔复古。这和守旧派的观点相契合，他们一直反对民主共和，康有为称辛亥革命是“国民危悴”“纪纲尽废”的“暴民之祸”。[2]他认为，中国不可一日无君，宣扬只有尊孔复古，才能拯救中国，挽救危机。为此，康有为不仅上书请求学校恢复读经，还要求定孔教为国教。国内随即掀起一股尊孔复古思潮，帝国主义势力也顺势推波助澜，支持袁世凯复辟帝制，给当时中国社会造成了相当恶劣的影响。

袁世凯复辟帝制失败是历史的必然结果，尊孔复古思潮受到一定打击但仍然存在许多支持者。这一时期，新文化派登上历史舞台。1915 年 9 月 15 日，陈独秀在上海创办《青年杂志》(第二卷起更名为“新青年”)，揭开了新文化运动的序幕。1917 年，他受蔡元培之邀，任北京大学文科学长，《新青年》也随之迁至北京。李大钊、胡适等先进知识分子纷纷在《新青年》上发表文章，向国民宣传普及民主共和思想。新文化运动高举民主和科学两面大旗，并将其作为衡量一切的尺度，向封建专制主义发起猛烈进攻，斗争锋芒直指维护封建专制制度的礼教和孔学，掀起“打倒孔家店”的风潮。新文化派还发动了以白话文替代文言文、以新文学替代旧文学的文学革命运动。随着新文化运动的发展，《新青年》

---

〔1〕 龚书铎：《社会变革与文化趋向：中国近代文化研究》，北京师范大学出版社 2005 年版，第 28 页。

〔2〕 李华兴：《中国近代思想史》，浙江人民出版社 1988 年版，第 430 页。

和北京大学成为新文化运动的主要阵地。

“五四运动”之后，西方各种思想文化纷至沓来，守旧派不再固执地坚守封建传统文化，开始思考如何处理本土文化和西方文化的关系。新文化派的观点也不再统一，有人继续坚持全盘西化，有人开始考虑新旧文化的嫁接问题。这一时期，新旧文化能否调和成为不同派别之间的争论焦点。章士钊主张新旧调和之说，在《东方杂志》上发表文章，反对西化派全盘否定封建传统文化的观点。他认为，时代不论进化到任何阶段，都是新旧杂糅的，新旧间并不存在本质的差异。[1]他提倡要用“尽心调和”的态度面对新旧文化。主张进行新文化运动的人随即对调和派予以反击。张东荪在《答章行严君》一文中提出，“新旧杂存的现象是存在的，但那只是共存，而不是调和；新的逐渐增加，旧的逐渐淘汰的现象也是存在的，但那同样不是调和，而是新的把旧的挤了出去，正好说明新旧不能调和。”[2]

民国时期，古今中外思想文化的碰撞与不同派别的文化论战深深地影响了北京大学的学生，他们通过阅读表达了不同观点的文章，潜移默化中形成了自己的思想观点，新旧文化的争论也发生在北大学生之间。据张国焘回忆，当时抵制白话文者占多数，拥护白话文者虽占少数，但他们具有蓬蓬勃勃的热烈精神。[3]两方学生互不相让，对于新旧文化的争论，在北大校园中随处可见。

---

〔1〕 章行严：《新时代之青年》，载《东方杂志》1919 年第 11 期。

〔2〕 东荪：《答章行严君》，载《时事新报》1919 年 10 月 12 日。

〔3〕 张国焘：《我的回忆》（第 1 册），现代史料编刊社 1980 年版，第 40 页。

（四）读书运动轰动一时

1928 年，北伐战争取得胜利，国民政府在形式上统一了中国。受战乱影响，全国人民生活水平普遍较低，有条件进入学校的人不多，能识字读书的民众更为少数。据国民教育部统计结果显示，“全国四万万人民中，不识字者占 70%以上”〔1〕。日本发动“九一八事变”后，其侵略中国的野心昭然若揭，在众多国民心中孕育已久的民族复兴思想逐步扩展为一种社会思潮。许多学者发文表示要想复兴民族，首先要增进国民的知识水平。在这内外交困之际，提高国民文化水平成为当务之急，“而欲充实国民的智力，则唯一的方法，惟有全国一致埋头攻苦、从事读书研究”〔2〕。

1935 年，中国文化建设协会以“民族复兴”为旗号，发起全国读书运动。协会理事长陈立夫在开幕会上表示，民众的读书活动，对于充实民族力量和建设民族文化大有裨益。〔3〕

为推广读书运动，中国文化建设协会成立读书竞进会。读书竞进会首先印制大量标语宣传读书运动，如“学生要读书，先生也要读书”“节省浪费的时间来读书”等。其次，举办读书竞赛。竞赛章程提出，会员分为大学、中学两种程度，志愿加入者可以获得非常优惠的读书政策，如赠送廉价

〔1〕俞爽迷：《从“全国读书运动”说起》，载《厦大图书馆》1936 年第 7 期。

〔2〕中国文化建设协会：《办全国读书竞进会》，载《申报》1935 年 2 月 14 日。

〔3〕陈立夫：《民族复兴与读书运动：全国读书运动大会之开幕词》，载《文化建设》1935 年第 8 期。

购书券。还设导师若干人指导读书，评判读书成绩。读书竞进会聘请陈立夫、蔡元培、潘公展、吴醒亚、竺可桢、高一涵等著名学者和政界名流组成书目选定委员会。每年春秋两季，通过报刊、电台广播等公布其所选书目，会员在限期内读书，读书者应随时将心得、要点做成笔记，阅读过程中有疑点时可通讯询问，会有专门导师给予答复。

为进一步推进读书运动，中国文化建设协会联合各分会及各大报刊共同营造读书氛围。如北平分会创办了《读书季刊》，该杂志专门刊登宣传和指导读书的文章。北平分会还举办了读书运动周，在此期间，华北日报、世界日报、京报、北辰报等，轮流出版读书特刊。还有一些报刊开辟了“汝书经验谈”“读书座谈”“读书方法谈”等专栏专刊，邀请一些学者各抒己见，谈他们的读书经验和方法。

通过各方的努力宣传，这场读书运动的影响力无疑是巨大的，但实际效果却不尽如人意。如读书竞进会举办的读书竞赛，报名之初共有 5789 名会员，待到考试时，仅有 121 人参加。究其失败的原因，主要在于国民政府只强调了读书对于民族复兴的重要性，而忽视了政治、经济等其他因素。尽管读书运动以失败告终，但北平分会为推进读书运动做出了不少努力，如在中山公园举办读书运动宣传大会，邀请徐诵明、余家骥等学者在河北电台举行广播讲演，在北平图书馆举行图书展览，“由本市各书局在宣传周内将各种书籍一律廉价发售”等。〔1〕这些举措在一定程度上促进了北大学生开

〔1〕 史春风：《20 世纪 30 年代国民政府读书运动研究》，载《东岳论丛》2012 年第 3 期。

展阅读活动。

二、异彩纷呈的北京大学

（一）兼容并包的办学方针

北京大学的前身是京师大学堂，始建于 1898 年，是中国人民救亡图存的产物。学校设立之初分为仕学馆、师范馆与译学馆，招生对象皆为京官。辛亥革命后，京师大学堂改名为“国立北京大学校”，但校务发展并没有多大改观，北京大学依然被封建主义的官僚习气所笼罩。正如蔡元培先生在一次北大同学会上回忆说：“至民五冬，我在法国，接教育部电促回国，任北大校长。我回来，初到上海，有人劝我不必就职，说北大腐败极了，进去若不能整顿，反于自己的名声有碍。”[1]当时的北京大学仍是一个旧式学堂，教学质量低下，学术空气淡薄，对于有真才实学的教员，学生不但不欢迎，还要在课堂上做破坏之事。但若是一位在政府有地位的官吏来兼课，即便他时常请假、讲义过时，学生对其也是欢迎得很，只因为学生入校的目的并非求学，而是毕业后顺利走上仕途，政府官员则可成为其日后的靠山。面对这样的情形，蔡元培先生毅然走进北大，决心彻底改革北京大学。1917 年 1 月 4 日，蔡元培先生出任北京大学校长，五天后向全校发表就职演说，倡导教育救国论，特别强调“大学者，研究高深学问者也”，“大学学生当以研究学术为天职，不当以大学为升官发财之阶梯”，力图打破“学”“仕”紧密相连

〔1〕 沈善洪主编：《蔡元培选集》，浙江教育出版社 1993 年版，第 685 页。

的传统思想。[1]

为了消除封建官僚习气，整肃教风学风，促进北京大学学术发展，蔡元培先生首先确立了北京大学“思想自由，兼容并包”的办学方针，并基于此在北大实施了一系列的改革。他首先对学生做出要求：“须抱定宗旨，为求学而来”，“抓紧时间，务必要具有真才实学”[2]。其次，在教员选聘上，蔡元培认为“无论何种学派，苟其言之成理，持之有故，虽彼此相反，不妨并行”[3]。由此，北京大学聘请了一大批积学而热心的教员，他们政治倾向不同，学术观点不一，使北大呈现百花齐放的繁盛态势。正如马寅初先生所说的，“当时在北大，以言党派，国民党有先生及王宠惠诸氏，共产党有李大钊、陈独秀诸氏，被目为无政府主义者有李石曾氏，憧憬于君主立宪发辫长垂者有辜鸿铭氏；以言文学，新派有胡适、钱玄同、吴虞诸氏，旧派有黄季刚、刘师培、林损诸氏。先生于各派兼容并蓄，绝无偏袒。”[4]

蔡元培先生认为，大学是共同研究学问的机关。因此，在知识内容上，他主张古今并蓄、中外兼收，反对旧式学府抱残守缺、孤陋空疏的陋习。对于外国的思想文化，他主张

---

〔1〕蔡元培：《蔡孑民先生言行录》，山东人民出版社 1998 年版，第 26~27 页。

〔2〕隗瀛涛：《教育之梦——蔡元培传》，四川人民出版社 1995 年版，第 167 页。

〔3〕璩鑫圭、童富勇编：《教育思想：中国近代教育史资料汇编》，上海教育出版社 1997 年版，第 679 页。

〔4〕汤一介编：《北大校长与中国文化》，北京大学出版社 1998 年版，第 63 页。

结合中国实际，择善而从，从而使中国的大学教育在开放、多元和自由选择的氛围中得到完善和发展。[1]在课程设置上，北京大学增设德、法、俄等语言文学课程；开设近代物理课，课程内容以巴黎大学居里夫人的讲授材料为主；史学系设立西洋史等。这些皆体现了兼容并收之主义。

学生张国焘回忆说："校园中新风气开始抬头了。低年级的学生讥讽老学生的老爷派头和守旧习气；我们提出学以求知、学以致用、学以救国等见解。北大之所以发生如此重大的转变，是因为蔡校长的改革政策。"[2]在蔡元培校长的引导下，北大校园中做学问求知识的气氛日渐浓厚起来，利用课余时间到图书馆自修的学生越来越多，深夜宿舍的电灯照常亮起，打牌嬉闹的声音没有了，留下的是伏案读书的身影。

（二）宽松的管理制度

北京大学的自由精神并不仅仅体现在对于学术思想的追求上，学校的管理制度也较为宽松，这主要表现为校门对外敞开、教学无定法、学生自由度高三方面。北京大学的课堂、图书馆、运动场等都是公开的，只要你有兴趣，不论你是否为北大学生，都可以随意进入教室听课，走进图书馆看书，去运动场借器材，不会有任何人阻拦，也不会被收取任何费用。在北大的教室里，经常会出现"没有学籍的青年去早

---

〔1〕 谢素蓉：《蔡元培"思想自由、兼容并包"办学思想及其现实意义》，载《赣南师范学院学报》2004年第2期。

〔2〕 张国焘：《我的回忆》（第1册），现代史料编刊社1980年版，第39页。

了，可以坐到位子，有学籍的学生去晚了，反而没有座位，要站在后边”[1]的情形。发放讲义的人也很随意，不论是谁，只要向他要，他就会给。有时应该上这门课的人，讲义没有拿到手，不应该上这门课的人倒先把讲义拿完了。[2]据邓广铭回忆，他备考北京大学时，租住在学校附近，平时会和北大预科生李广田一起到教室听课，还一起到图书馆借阅书籍。如朱海涛所言：“北大会向每一个愿意进来的求学者敞开大门。”[3]

在北京大学，教师可以自行选择教学内容、教学方式等。冯友兰在北大求学时，陈介石先生讲授“中国哲学史”这门课，从三皇讲到五帝，至学期末才讲到周公。“学生问他如此讲法，何时才能讲完，他说：‘无所谓讲完讲不完。要讲完一句话就可以讲完；要讲不完就是讲不完。’”[4]北大教师授课并不拘泥于课堂，在教师家里上课的情况也是有的。如哲学系选修“佛学”课程的学生，是要到周叔伽先生家里的佛堂上课的，同时要有会坐蒲团的功夫。[5]

北京大学的学生入校后拥有极大的自由度，在选科、上课、住宿等方面均可见一斑。北大实行选科制，必修科目之外的选修科目由学生自由选择。每学期初，学生自行填写选

---

〔1〕 牧洲、牧小编：《北大故事：名人眼中的老北大》，中国物价出版社1998年版，第31页。

〔2〕 《老北大》编辑组编：《老北大》，中国文史出版社2016年版，第81页。

〔3〕 严敏杰、杨虎编：《北大新语：百年北大的经典话语》，中国广播电视出版社2007年版，第57页。

〔4〕 钟叔河、朱纯编：《过去的学校（回忆录）》，湖南教育出版社1982年版，第58页。

〔5〕 柳雨生：《怀乡记》，太平书局1944年版，第50页。

课单，学生陈仲瑜回忆说，“选修科目可完全照自己志愿选修，也可以选修其他系科目。有时在可能条件下，甚至可以选修他科的科目”[1]。

北京大学的课堂也是自由的，学生不必照章上课，文科的学生可以去听理科的课，理科的学生可以去听法科的课，爱听哪个教授的课就听哪个教授的课，甚至不去上课也没有人管。柳雨生回忆起北大的课堂学习时，曾表示：“如果不愿上课，去图书馆看书，在宿舍里睡觉，到公园里溜弯儿，都是可以的。”[2]即便学生去到课堂，“也可以随便翻看课外的任何书籍”[3]。学校有印制点名册给教员，但对教员点名与否不加以干涉。据李祖荫回忆，课堂点名曾闹出一些笑话：“某教授讲课照本宣读，兴趣索然，虽然堂堂点名，但因其患深度近视，几乎对面不能辨影，同学协议派代表出席应付点名。某次点名完毕后，教授抬头一望，人影寥寥，慨然叹曰：‘到都到了，就是见不到多少人！’”[4]

北京大学的学生不都是在校内住宿，也有部分住在校外。校内宿舍较分散，大致按照学科划分，马神庙的西斋为理科宿舍，沙滩的东斋为文科宿舍，北河沿的三斋为法科宿舍，第四、第五宿舍专为女学生而设。宿舍硬件条件一般，也有学生认为和他人共住一室多有不便，于是选择在校外租公寓住。如朱海涛所言，你既可以住在学校里，也可以住在家里，

---

〔1〕《老北大》编辑组编：《老北大》，中国文史出版社 2016 年版，第 83 页。
〔2〕柳雨生：《怀乡记》，太平书局 1944 年版，第 47 页。
〔3〕柳雨生：《怀乡记》，太平书局 1944 年版，第 47 页。
〔4〕《老北大》编辑组编：《老北大》，中国文史出版社 2016 年版，第 84 页。

想和爱人同住在公寓里，更可以。[1]学生因在外住宿而空下的床位，可以随便让给同学或朋友，因此，社会青年住在北大的宿舍里并不算稀罕事。住宿人员混杂，管理也就流于表面。千家驹回忆说："范文澜同志告诉我说，他上学时住在东斋，一人独占一房。有一次他把房门钥匙丢了，懒得去配钥匙，就跳窗子进去。如是跳进跳出若达两年之久，也无人过问。"[2]

在许多人看来，北京大学实在缺乏必要的规章与纪律，甚至认为学生"只要考了进去，怎么鬼混，也可以混到一张毕业文凭"[3]。其实不然，张中行对此表示，在北大校园中，"并没有很多混混过去的自由，因为有无形又不成文的大法管辖着，这就是学术空气"[4]。北大学生在这样独特的学术空气下，主动而非被动地开展阅读活动，他们在选择读物时，也不拘泥于自己所学的专业，他们学习到不同领域的知识，提高了自学与独立思考的能力。

（三）风格迥异的教授

如前文所述，蔡元培校长在教师聘用上不拘一格，采用"唯才是举"的原则，使北京大学容纳了一大批名流学者，"兼容并包"下的北大教授，各党各派无所不有，性格迥异，教学风格也各具特色。

---

〔1〕牧洲、牧小编：《北大故事：名人眼中的老北大》，中国物价出版社1998年版，第18页。

〔2〕《老北大》编辑组编：《老北大》，中国文史出版社2016年版，第78页。

〔3〕《老北大》编辑组编：《老北大》，中国文史出版社2016年版，第86页。

〔4〕陈平原、夏晓虹编：《北大旧事》（第3版），北京大学出版社2018年版，第386页。

黄侃授课风格鲜明，被学生称作“特别教授”。他在课堂上讲授《说文解字》时，既不带原书，也不用讲义，逐字讲解，引经据典，有条不紊。曾有学生下课后去查对黄先生引用的经典论据，发现没有任何错漏，引得学生们啧啧称羡。据学生回忆，黄先生一经讲上了题，总是鞭辟入里，声音响亮，真可给学生以精神上的鼓舞和学问上的启发。[1]此外，黄侃非常讲究吃喝，喜好美酒佳肴。他讲课时，有一个习惯，每每讲到紧要之处就戛然而止，对学生说：“这里有个秘密，专靠北大这几百块大洋的薪水，我还不能讲，你们要我讲，得另外请我吃饭。”[2]

如果说黄侃在学生眼中是“特别”，那么辜鸿铭则是“奇怪”。他最显著的标志即是拖在脑后的一条辫子，并以拥有发辫而感到自豪。不过这也确实符合他复古派的身份，学生萨摩雄回忆说，先生被问及发辫之事时，会摇头晃脑道发辫是他的护照。[3]授课时，辜鸿铭讲到得意处，便会唱一段小曲，或嚼几颗花生糖，令学生们感到十分有趣。他虽教授英国文学，但极为捍卫东方文化，曾对学生说：“我们为什么要学英文诗呢？那是因为要你们学好英文后，把我们中国人做人的道理，温柔敦厚的诗教，去晓谕那些四夷之邦。”[4]据学

---

〔1〕 徐复观：《无惭尺布裹头归 · 交往集》，九州出版社 2014 年版，第 138 页。

〔2〕 欧阳悟道编著：《民国那些范儿》，中国华侨出版社 2011 年版，第 38～39 页。

〔3〕 民国文林编著：《民国范儿：是真名士自风流》，现代出版社 2011 年版，第 21 页。

〔4〕 民国文林编著：《民国范儿：是真名士自风流》，现代出版社 2011 年版，第 12 页。

生震瀛回忆，辜鸿铭常教他们读英文版的“千字文”：“Dark Skies above the Yellow Earth（天地玄黄）……”音调整齐，口念足踏，全班合唱。[1]辜鸿铭的课堂常常充满乐趣，幽默的个性使他深受学生喜爱。

钱玄同口齿清晰，讲话利落，在教学上极为重视引发学生的思考，但不重视学生的考试等技术问题，被大家称为“从不判卷的教授”。北京大学专门为他准备了一个刻有“及格”的木戳，每逢考试，钱玄同负责将学生们答完的考卷送至教务室，由教务室统一盖上木戳，然后依照姓名记入学分册。钱玄同虽说在判卷方面不屑一顾，但在治学方面态度严谨，他十分谦虚，经常虚心向学生请教，是一位深受学生敬重的教授。[2]

李四光是地质学教授，与钱玄同恰恰相反，他极为重视考试。李四光采用的考试方法不同于一般的老师，除了要求学生作答试卷外，还发给每个学生六七块编有号码的岩石标本，要求学生写出每块石头的名称、矿物成分、生成条件等。[3]他对考试要求很严苛，虽然有学生分数很低，但都认为李先生严格要求是应该的，从来没有意见，反而都愿意听他的课。

陈介石讲一口家乡土话，许多学生听不懂，他便以笔代

---

〔1〕 民国文林编著：《民国范儿：是真名士自风流》，现代出版社 2011 年版，第 12 页。

〔2〕 民国文林编著：《民国范儿：是真名士自风流》，现代出版社 2011 年版，第 66 页。

〔3〕 杜家贵主编：《北大红楼：永远的丰碑（1898—1952）》，社会科学文献出版社 2012 年版，第 265 页。

口。因此，陈介石的课堂是“无声”的，每逢上课，他在发放讲义后，便拿起粉笔既认真又快速地板书，学生们抄都来不及。他把握时间精准，总能在下课铃声响起时恰好地写到一个段落，转身潇洒而去，学生们则继续努力抄写。陈介石板书内容和讲义大意相同，但各成一套，如冯友兰所说：“他虽不说话，但却是诚心诚意地为学生讲课，真有点像庄子所说的‘目击而道存’，说话成为多余的了。”〔1〕

风格迥异的教授汇聚一堂，他们虽然属于不同派别，持有不同见解，但都具备丰博的学识与闪光的才智。也正因此，能够活跃北大学生的思想，使其避免拘于一家之言。此外，北大教授严谨的治学态度和研求学问的精神为学生树立了良好的榜样，对学生的阅读生活产生了积极的影响。利用课余时间到图书馆读书的学生越来越多，他们借阅书籍的种类也越来越丰富。在日复一日的阅读生活中，北大学生既巩固了所学专业的知识，还开阔了眼界，增长了见识。

（四）五花八门的社团

蔡元培校长非常注重学生社团工作，大力提倡组成具有积极意义的社团，开展各种有益的活动，以活跃学生课外生活。蔡元培先生率先组织成立了进德会。加入进德会的三条基本戒律是不赌、不嫖、不纳妾；此外还有由会员自由认同承诺遵守的五条戒律是不做官吏、不做议员、不饮酒、不食肉、不吸烟。《北大进德会旨趣书》一经发布，全校上下大

〔1〕《老北大》编辑组编：《老北大》，中国文史出版社 2016 年版，第 132 页。

力支持，李大钊、陈独秀、罗家伦、傅斯年等468名北大师生成为进德会第一批会员。蔡元培校长还婉请素行不检的教职人员入会，一年后仍不加以改正者不予续聘。进德会的成立匡正了当时北大校园的腐朽风气，提高了全校师生的道德水准。

蔡元培先生提倡“以美学代替宗教”，注重培养学生情操。他在北大发起成立了音乐研究会和画法研究会。音乐研究会分为中乐部和西乐部，聘请萧友梅为导师。除经常召开音乐会外，每年春节还举办一次音乐演奏会。〔1〕画法研究会分为国画和西洋画两门，聘请徐悲鸿、陈师曾等为导师。除日常活动外，还出版《绘学杂志》。

当时在北大影响较大的社团还有蔡元培校长和文科教授徐宝璜发起的北大新闻研究会。该会的宗旨是“研究新闻理论，培养新闻人才”，徐宝璜和京报总编辑邵飘萍两位先生作为导师，定期为学生宣讲新闻理论和办报经验。北大新闻研究会的成立不仅希望学生能够放眼天下、关注世事，更希望发展学生新闻业方面的能力，进而为国家做贡献。

李大钊和王光祈在北大成立了中国少年学会，它的宗旨是“振作少年精神，研究真实学术，发展社会事业，转移末世风气”〔2〕。学会还定有“奋斗、实践、坚忍、俭朴”四条信约。中国少年学会成立后发展很快，会员人数不断增加，

---

〔1〕 杜家贵主编：《北大红楼：永远的丰碑（1898—1952）》，社会科学文献出版社2012年版，第570页。

〔2〕 肖东发等主编：《风骨：从京师大学堂到老北大》，北京图书馆出版社2003年版，第150页。

分会遍及国内各大城市。朱自清、高君宇、邓中夏等北大学生都是该会会员，他们积极参与各项活动，邓中夏还是分会会刊《少年世界》的主要负责人。

除上述外，北大还有为“修缮辞令，发展思想”而组织的雄辩会、以“增进学习，学习写作”为宗旨的壁报联合会、为提高身体素质成立的体育促进会等。在蔡元培的带领下，北大学生也自发组织了许多社团，如邓中夏、廖书仓等发起的平民教育演讲团、哲学系学生成立的知行会等。

整个民国时期，北大的社团不计其数，类型多样，“有追求先进思想的激越，有探讨现代学术的沉潜，有文艺的个性飞扬，也有体育的拼搏进取”〔1〕。志趣相投的学生聚集在一起开展各类活动，极大地丰富了校园文化生活，学生外出打牌听戏的兴趣因此减少许多。在蔡元培校长的号召下，每个系都成立了读书学会，还有学生自行组织小型读书团体，北大校园的读书风气日渐浓厚。

第二节　民国时期北大学生阅读生活的形态

蔡元培校长大刀阔斧的改革给北京大学带来了清新的空气，北大学生一改往日浑浑噩噩的状态，越来越多的人开始用功读书。学生时常光顾的场所由八大胡同变为图书馆，宿舍里打牌的嘈杂声被翻阅书页的沙沙声所取代。刘元功在回

〔1〕 沈千帆主编：《社团人：来自北大的青春故事》，中国画报出版社 2004 年版，第 3 页。

忆北大时曾说："浓郁的读书空气，把那少数吃喝玩乐的歪风压倒了。"[1]阅读一方面充实了北大学生的日常生活，另一方面促进了北大学术气氛的形成。

一、阅读动机

阅读动机，可以理解为引发并维持主体进行阅读行为的原因，既和主体认知相关，也受到外部环境的影响。北大学生的阅读动机可大致分为求知、救国、兴趣、消遣等。

（一）求知问学，锐意进取

课堂上习得的知识是有限的，为求进步，许多北大学生选择通过读书开阔眼界，增长见识。正如夸美纽斯所说，书籍是培植智慧的工具。大学四年，张中行钻图书馆的时间占据大半。书海无边，望着码在架子上的一排排书籍，他总是急切却又认真地一本本阅读。在阅读过程中，张中行发现，"书读得越来越多，越读问题也越多，旧的问题去了新的问题又来，小的问题去了大的问题又来。于是再找书继续读下去"[2]。他把自己的阅读生活形容为，"是跳到古籍的大海里，尽情地扑腾了一阵子"[3]。张中行通过博览古籍积累了大量的文史知识，为日后写作奠定了坚实基础。

张申府是北大数学系学生，为巩固专业知识，他常常去

---

〔1〕《老北大》编辑组编：《老北大》，中国文史出版社 2016 年版，第 68 页。

〔2〕陈素清、王云龙：《张中行与图书馆》，载《河南图书馆学刊》2002 年第 2 期。

〔3〕张中行：《闲话北大图书馆》，载《读书》1990 年第 4 期。

藏书楼借书，还曾因借阅德文与法文的《数理科学百科全书》，得到冯祖荀先生的青睐。[1]张申府不仅仅阅读专业相关书籍，升入本科后，他经常待在阅览室里，不论什么种类的书籍都拿来翻翻看。

陶希圣考入北大预科后，发奋学习，他听从国学讲师沈尹默先生的推荐，阅读了《吕氏春秋》《国故论衡》等书籍，“又到北大图书馆借阅诸子书”[2]。此外，陶希圣还自修《明儒学案节本》《明儒学案》和《宋儒学案》等，既为求知，也为修养自身。

罗家伦考入北大时，正值蔡元培先生开始主校，北大焕然一新，各种思想文化极其活跃。他利用课上课下的一切机会，虚心求教，刻苦读书，努力充实自己的学识。

从上述内容可以看出，求知问学、锐意进取是许多北大学生的阅读动机，他们珍惜时间，一下课便钻进图书馆，阅读书籍的范围也不限于所学专业。利用课余时间博览群书，为北大学生的日后发展奠定了基础，促使其成长为学识广博的人才。

（二）心系国家，探索救国之路

民国时期，大多数学生在考入北京大学之初，怀揣着“两耳不闻窗外事，一心只读圣贤书”的想法。如邓中夏平时喜欢研究四书五经等古书，李大钊先生问他是否知道马克

---

〔1〕《老北大》编辑组编：《老北大》，中国文史出版社2016年版，第65页。

〔2〕陈平原、夏晓虹编：《北大旧事》（第3版），北京大学出版社2018年版，第159页。

思时，他只得茫然地摇头。待李大钊先生讲述后，邓中夏感到“心像有盆炭火在熊熊燃烧，他恨自己平时太孤陋寡闻，连俄国发生这么大的事件都不知道”[1]。他随即向李大钊先生借了几本关于马克思学说的书籍，准备好好研读。随着俄国十月革命影响的扩散，越来越多的北大学生像邓中夏一样，走出书斋，紧密地团结在李大钊先生的周围，如饥似渴地学习马克思主义，渴求从中找到改造当时社会的良方。

当时马克思主义著作的中文译本很少，邓中夏、高君宇、黄日葵等先进学生便凑钱汇到德国购买原文著作，买来以后，便赶忙组织同学翻译和阅读。他们听说关于马克思主义的日文书刊很多，就努力学习日文以便研究。他们怀揣着赤诚的爱国之心，不辞辛苦，期望求得救国救民的真理，并在研究马克思主义的过程中逐渐转变成为具有初步共产主义思想的先进知识分子。

除研究马克思学说以外，北大学生还开始关心时事。张国焘是北大理科预科生，一心渴求国家富强，并自称为“狂热的爱国主义者”。他不仅热心研究马克思主义，设法了解俄国革命，还经常利用课余时间阅读《东方杂志》《大中华》等刊载新闻要事的刊物，希望从中探究出一些救国治学的新门径。

还有一些北大学生为了挽救国家危亡而放弃个人爱好。王昆仑自幼便对文学有浓厚的兴趣，1918 年以优异的成绩考入北京大学中文系。1919 年，受到新思潮的影响，他毅然放弃所喜爱的中文专业，转入北大哲学系学习。在他看来，哲

〔1〕 冯资荣、薛豪卓：《邓中夏青少年时代的故事》，贵州人民出版社 1985 年版，第 133 页。

学比中文更有益于解决中国的问题。[1]在后来的求学期间，王昆仑博览群书，在民主主义革命思想的沐浴中如饥似渴般汲取着各种新知识、新思想。

北大学生心系国家和民族，挽救国家于危难之中成为许多学生的阅读动机。他们通过报刊了解时事，认真研究马克思主义，努力学习新的知识和思想，身体力行读书不忘救国。

（三）爱好所致，兴趣使然

每个人的兴趣爱好都是不同的，它首先会影响北大学生对专业的选择，进而影响到学生的阅读生活。冯友兰在中学时就决心以后要学哲学，如愿考入北大哲学系后，他有了更加广阔自由的学习环境。除课上学习外，他利用课余时间阅读了许多哲学书籍，对中国哲学的方方面面进行了系统而深入的学习，为他后来毕生从事哲学研究工作，奠定了学识方面的基础。

前文提过的张申府，曾是北大第二类预科（偏重数学）的学生，考入北大哲学系后，对数学念念不忘，于是在开学两个月后转入数学系。但是，在哲学系学习的两个月时间里，使他"眼界大开，对哲学产生了浓厚的兴趣"，转系后的张申府，可谓身在数学系，心系哲学门，"这样，张申府上的是数学的课，读的却多是哲学的书"[2]。在阅读哲学书籍过程中，张申府读到罗素著的《我们的外界知识》一书，"觉

---

〔1〕 民革中央宣传部编：《王昆仑与太湖别墅》，团结出版社 2015 年版，第 9 页。

〔2〕 陈平原、夏晓虹编：《北大旧事》（第 3 版），北京大学出版社 2018 年版，第 150 页。

得内容很有意思，接连看了两遍"[1]。由此，张申府对罗素产生了兴趣，开始潜心研究其著作。

兴趣并不是单一的，北大学生完成专业课学习之余，会根据自己不同的兴趣爱好选择读物，通过阅读充实自己的日常生活。哲学系学生顾颉刚醉心于中国古典文学，自读了《史记》《文心雕龙》《国故论衡》《文史通义》等书，同时养成了记读书笔记的习惯。[2]在因病休学的一年时间里，他还搞了几个月的"清代著述考"研究。

"思想自由，兼容并包"的办学方针使得北大学生有着自由的发展空间，并且得以接触到最先进的思想文化。对于川岛来说，北大的一切事物都是新鲜的、稀奇的，但最有吸引力的，还是北大的刊物，如《新青年》《新潮》《少年中国》《新生活》等。他清楚地记得在北大的读书时光，"特别是《新生活》周刊，封面印着长井字形的一个方框，井边四周写有'博爱，平等，自由，牺牲'八个字。'牺牲'就如破晓时的号角一样，是第一遭听到的声音"[3]。川岛开始关注新闻时事，努力吸收新思想，各种书刊都想拿来翻看，"不论是中文的，外文的，只要它是新的，都想去找来看，看不懂的也要硬看。坐在屋子里看，坐在洋车上也看。"[4]

---

[1] 陈平原、夏晓虹编：《北大旧事》（第3版），北京大学出版社2018年版，第150~151页。

[2] 李宏主编：《北大逸事》，辽海出版社1999年版，第117页。

[3] 陈平原、夏晓虹编：《北大旧事》（第3版），北京大学出版社2018年版，第204页。

[4] 陈平原、夏晓虹编：《北大旧事》（第3版），北京大学出版社2018年版，第204页。

汤一介曾就读于北大先修班，在这一年时间里，他在学习之外阅读了大量的文学和哲学著作。在阅读过程中，“他的目光开始盯向文学理论、美学、哲学方面的书籍。”〔1〕他从朱光潜先生的著作开始读起，接连读了《文学心理学》《谈美》和《谈文学》等。在读过朱先生翻译的克罗齐的《美学原理》后，他开始阅读《圣经》和奥古斯汀的《上帝之城》。不难看出，汤一介的读书兴趣从中国的哲学和文学转到了西方的哲学和文学。

张中行对于根据兴趣爱好选择读物做了一个有趣的比喻。他把图书馆比作北京，把自己比作进京的旅游家，在他看来，“到北京，既要看看著名的燕京八景，小胡同里，只要有感兴趣的什么人住过，也想走进去瞧瞧。于是而借这个借那个，翻这个翻那个”〔2〕。

在北大校园中，有的学生兴趣单一，只阅读同一类型书籍，有的学生兴趣广泛，翻阅各类书刊。总之，在兴趣的驱使下，北大学生利用课余时间开展阅读活动，这不仅有助于他们开阔眼界、增长见识，还为他们日后选择治学方向和人生道路奠定了基础。

（四）消愁解闷，调剂生活

大学生活给予学生较多的空闲时间，北大学生在宿舍闲来无事时，有的去运动场锻炼身体，有的和同学外出游玩，有的则借读书消磨时光。罗荣渠就是在无聊的时候读完了赫定的《亚洲腹地旅行记》、叔本华的《自由意志论》和王国

〔1〕 李娟娟：《汤一介传》（增订版），新华出版社2015年版，第75页。

〔2〕 张中行：《闲话北大图书馆》，载《读书》1990年第4期。

维的《人间词话》。此外，等待考试对于罗荣渠来说，是一件非常苦恼的事情，他认为“不翻翻书呢，心里怪难过；翻书呢，脑袋里又不起反应”，于是只好阅读一些与考试内容不相关的书籍来消遣。通过他的日记可以发现，考“社会学”前一天，罗荣渠在阅读《中国大观》和《哲学的贫困》；考“西洋十九世纪史”前，他拿来《古今大哲学家之生活与思想》翻阅，还将精彩片段随手摘抄于日记中。

书也是张中行烦闷时候的“好朋友”，平日里，他“最不能忍闲，所以偶尔得闲，便会向书乞援，而书，也必伸出救援之手”[1]。因此，张中行在身心俱闲或是身忙心闲的时间里，阅读了不少书籍。在阅读中，难忍之闲化为轻松度过。

通过上述内容可见，民国时期北大学生的阅读动机不尽相同，但不论是为求知、救国、兴趣还是消遣，北大学生从不荒废时日，他们充分利用课余时间博览群书，这有助于他们在阅读过程中汲取精神养料，裨益其日后的成长与发展。

二、阅读场所

（一）从藏书楼到图书馆

藏书楼是北京大学图书馆的前身，设在马神庙后院。藏书楼典藏丰富，吸引不少师生前往阅览。据张申府回忆：“藏书楼的书可以外借，但没有阅览室。过了一年，藏书楼腾出一些地方，辟出阅览室，阅览桌放在中间，四周摆上书

〔1〕 王湜华、乔继堂编选：《张中行卷》，太白文艺出版社1996年版，第267页。

柜，柜里都是西文书。我上预科的时候，常常从北河沿到藏书楼来借书，上本科后，我更是经常待在阅览室里。”〔1〕当年关于京师大学堂的藏书楼还流传着这样一段佳话：清末有位叫陈汉章的举人，本被大学堂聘为教员，但到校后，他即被藏书楼丰富的藏书吸引了，于是他做出了一个决定——不当教员当学生，以求能尽览藏书楼书籍。经过多年苦读，陈汉章终于 1913 年以甲等第一位毕业。〔2〕

1912 年，藏书楼改称“图书部”。1918 年，图书部搬至沙滩红楼，更名为“北京大学图书馆”。图书馆规模不算小，设有 21 个书库和 6 个阅览室，其中第一阅览室为期刊阅览室，第二阅览室为报纸阅览室。刘元功回忆说：“当时北大图书馆的阅览室有人满之患，图书馆主任李大钊为了适应学生们的阅读需要，同时也为了避免阅览室的拥挤，遂开辟了各系的阅览室，将各系急需要参考的图书，分门别类地分发到各系的阅览室中备阅，这样不但免去拥挤，而且阅读便捷。”〔3〕在这个时期，北大图书馆本着“兼容互需”的方针建设藏书，增添了许多新思潮、新学说的书刊，西文版的图书也得到了增加，同时还收藏了一批所谓“旧”的词曲书。〔4〕大量进步书刊的购入，使北大图书馆成为宣扬新思想、新文化和

〔1〕《老北大》编辑组编：《老北大》，中国文史出版社 2016 年版，第 64~65 页。

〔2〕肖东发等主编：《风骨：从京师大学堂到老北大》，北京图书馆出版社 2003 年版，第 92 页。

〔3〕《老北大》编辑组编：《老北大》，中国文史出版社 2016 年版，第 68 页。

〔4〕肖东发等主编：《风骨：从京师大学堂到老北大》，北京图书馆出版社 2003 年版，第 95 页。

宣传马克思主义的园地。

1930 年 12 月蒋梦麟担任北大校长后，将图书馆从沙滩红楼迁入松公府东院内。当时松公府的前院有图书馆的目录兼出纳室，还有大阅览室、特别参考室、杂志阅览室和阅报室，后院有图书馆的书库。[1]学生可以凭借书证进书库看书，据任继愈先生回忆："到书库里面，亲手翻一翻，看一看，与查阅书目卡片得来的印象不大相同。此外，有时无意中翻书会有意想不到的发现，得到新的启发。"[2]尽管松公府图书馆属于因陋就简的临时馆舍，但较之从前的图书馆，条件已有很大进步，这里很快成为北大学生喜爱的读书场所。张中行曾多次谈起北大图书馆："北大有些学生，是上学而未必照章上课。不上，到哪里去？据我所知，遛大街，以看电影为消遣的很少；多数是，上课钟声响过之后，腋夹书包，出红楼后门，西北行，不远就走入图书馆。我呢，除去上课，剩余的时间还不少，就也夹着书包走进图书馆。"[3]

1935 年 8 月北京大学图书馆新馆建成，位于临时馆舍西侧，9 月正式开馆。新图书馆"楼前大树多株，树下绿草铺青毡，草上杂花，道旁嫩柏织路墙，鲜翠欲滴，身临其境，顿觉心旷神怡"。[4] 新馆阅览室分为东西两部分，东部是西文，西部是中文。阅览室内，书架贴墙而立，上面分门别类

---

〔1〕 李向群：《老北大校园变迁回顾》，载《北京大学教育评论》2005 年第 1 期。

〔2〕 肖东发等主编：《风骨：从京师大学堂到老北大》，北京图书馆出版社 2003 年版，第 98 页。

〔3〕 张中行：《闲话北大图书馆》，载《读书》1990 年第 4 期。

〔4〕 郭京宁：《穿越皇城》，上海古籍出版社 2014 年版，第 304 页。

地摆放着新近出版的各类参考书，随手查阅，十分方便。宽敞明亮的新馆，一扫旧馆沉闷幽暗的气氛，开馆后，立即成为北大学子最为理想的自修场所。

1937 年北大和清华、南开一同迁至昆明，并成立了西南联大图书馆。因为条件限制，图书馆只是一座高不过十几米的砖木房，在木柱间密密麻麻地摆着几十张长方桌子，在中间靠后是借书取书的柜台。在每一张桌子上，几乎每天都是坐得满满的学生，聚精会神地攻读，大家都能自觉地保持安静。因为位子有限，每天大家都为争得一席之地而奋斗，要不是上课，或者肚子在呼唤要到图书馆后的大食堂里去，谁也不想放弃这一席之地的。〔1〕

北大图书馆藏书丰富并且与时俱进，不断购入新的书刊。图书馆实行开架阅览，在阅览室看书一般不受数量和时间的限制，馆方还积极听取师生的建议，不断改善服务方式。在这里，青年学子可以在书的海洋里尽情地遨游，汲取成长所需的养料。因此，图书馆成为北大学生最理想的阅读地点。

（二）从宿舍到“曦园”

除图书馆外，北大学生伏案苦读的身影还可见于宿舍中。北大宿舍分散在五处，大小不同，人数多寡也不同，但配置大都一致。住宿生每人一床、一桌、一榻、一凳、半扇书架。北大宿舍有一个特色，学生会在宿舍内利用床帐与书架自己隔成一个小空间。据万枚子回忆，入夜后，宿舍楼里各室电

〔1〕牧洲、牧小编：《北大故事：名人眼中的老北大》，中国物价出版社 1998 年版，第 10 页。

灯齐明，从外面看去，万点红灯反映着绿罩，煞是有趣。[1]寝室内学生在各自的小天地里自修，有读外文的，有读国文的，互不打扰。范文澜常常在宿舍读书学习，因为他独居一个宿舍，便将一张书桌摆在另一张床板之上，晚上点一煤油灯在上面用功看书。

在抗日战争时期，因为电力供应不足，宿舍是没有电的，学生们只得"完全靠蜡烛，白蜡烛都买不着，就买红蜡烛"，白天去图书馆，"晚上在宿舍里点红蜡烛看书"。[2]

北大史学系学生宁可，于1946年考入北京大学，当时正值国家内战爆发，时局动荡，学生们只得在游行罢课的缝隙中读书学习。宁可白天去图书馆，晚上便在宿舍用功，"每晚读书做笔记，熬夜到一二点钟才睡"[3]。

宿舍环境并不适用于每一个北大学生。中文系学生邓中夏，入学之初，他便暗下决心，一定要努力学习，取笔名为"大壑"，意思是"他像一个又大又深的山谷，要把有用的知识尽可能多地装到里面去"[4]。课余时间，邓中夏常常在宿舍里看书，"不论是先秦两汉的古籍，还是刚出版的新书，他都兼读并览"[5]。没过多久，邓中夏就发现了在宿舍读书

---

〔1〕杜家贵主编:《北大红楼：永远的丰碑（1898—1952）》，社会科学文献出版社2012年版，第703页。

〔2〕刘保绵等:《1940年代北大学生生活之一斑》，载《新文学史料》2011年第2期。

〔3〕宁可:《我在北大的读书生活》，载《博览群书》2008年第4期。

〔4〕冯资荣、薛豪卓:《邓中夏青少年时代的故事》，贵州人民出版社1985年版，第126页。

〔5〕冯资荣、薛豪卓:《邓中夏青少年时代的故事》，贵州人民出版社1985年版，第126页。

的弊端：不时就会有同学来邀他出去游玩，刚把同学打发走，耳边又响起了打麻将的声音，还有人在宿舍另一边拉京胡。如此环境实在使他无法安下心来看书，只得拿起书，愤愤地走出宿舍。邓中夏在沙滩碰见了独自一人在树下看书的易克嶷，交谈几句后发现，原来二人“同病相怜”。

为了有一个良好的学习环境，邓中夏在校外租了一个四合院，取名为“曦园”。他约了易克嶷、罗章龙等十几位热心学习马克思主义的同学同住，曦园便成了一个学生公寓式的新生活团体。“他们凑钱订了很多报纸、杂志，买了很多新出版的书籍”〔1〕，平日里他们在曦园“主要的活动是组织各种研究小组阅读马克思主义等社会科学著作，互相讨论，交流心得”〔2〕。张国焘也是其中一员，据他回忆，罗章龙是德文系学生，能直接阅读黑格尔和马克思等人的德文原著，从德文书刊中知道一些俄国革命情形，常在讨论时提出他的所知供同住者参考。〔3〕就这样，北京大学十几个热心求学的青年在这个四合院里共同学习、共同进步。

（三）泡茶馆

“泡茶馆”是独属于西南联大时期的北大学生的语言，意思是长时间地在茶馆里坐着。在抗日战争时期，西南联大图书馆的座位有限，宿舍也因电力不足无法使用电灯照明，

---

〔1〕 冯资荣、薛豪卓：《邓中夏青少年时代的故事》，贵州人民出版社 1985 年版，第 128 页。

〔2〕 关海庭、郭钢：《邓中夏与北京大学》，载《湖南党史通讯》1985 年第 10 期。

〔3〕 张国焘：《我的回忆》（第 1 册），现代史料编刊社 1980 年版，第 66 页。

学生们读书心切，只好另寻他所。校外不远处的凤翥街和文林街上有几家茶馆，学生们发现茶馆里用的是汽灯，到了晚上，汽灯亮起来，比图书馆的灯亮多了。当时茶馆的规矩是先来先坐，只要占一个位子不离开，就可以从早到晚不加费。〔1〕于是，茶馆迅速成为学生们理想的读书场所。物理系学生李政道和同学们每天一早就上茶馆，上课时互相轮流看着座位，下课后夹着书本回茶馆。〔2〕渐渐的，泡茶馆成为许多学生生活的一部分。在汪曾祺的记忆里，有一个陆姓的同学，可称之为泡茶馆的冠军。他将盥洗用具放在茶馆，早晨到茶馆洗漱完毕后，泡一碗茶，吃两个烧饼，便开始看书。到中午和晚上时，起身出去吃饭，回来后，泡一碗茶，继续看书。直到街上灯火阑珊，才挟着一本很厚的书回宿舍睡觉。〔3〕

茶馆不同于专门读书学习的图书馆，环境十分嘈杂，不仅有师傅招待客人的声音，还有很多商贩叫卖各种商品的声音。去到茶馆的学生也不都是占座读书的，有物理系“三大才子”之称的杨振宁、黄昆与张守廉，每天都会花一两个小时一起去茶馆，他们在茶馆里的主要活动是激烈地讨论各种物理问题。还有学生自行组织读书会，每周在茶馆进行一次讨论。要在这样的环境里读书，没有“心远地自偏”的修养是不行的。因此，常去茶馆读书的学生渐渐养成习惯，无论再吵闹的环境，也能集中精力、专心致志地读书。汪曾祺经常和同学结伴去茶馆读书，寻桌落座后，“各自看自己的书，

〔1〕 顾迈南：《炎黄之光》，新华出版社1991年版，第5页。

〔2〕 顾迈南：《炎黄之光》，新华出版社1991年版，第5页。

〔3〕 汪曾祺：《无事此静坐》，辽宁人民出版社2007年版，第87页。

有时整整坐一上午，彼此不交语”[1]。

西南联大期间，学生们身处贫困而混乱的年代，但从不颓丧灰心。课余时间，他们挟着书走进茶馆，好似步入学问天地。他们泡在茶馆里，清茶入腹，知识进脑。联大学生就这样一天天成长起来，像汪曾祺说的那样：茶馆出人才。

民国时期，北大学子在不同的场所阅读，从最初的藏书楼到新修建的图书馆、从校内的宿舍到校外的“曦园”，还有西南联大时期的茶馆，每一处都见证了北大学生埋头苦读的时光。这些地方成为北大学生的“第二课堂”，他们在这里以书为师，潜心学习，日渐成长。

三、读物的来源及种类

（一）读物的来源

北大学生阅读的书刊大多数来自北大图书馆和北京图书馆，小部分是自己购买或向教师、同学借阅而来。

北京大学图书馆藏书丰富，为学生借阅书籍提供了诸多便利。估计在藏书楼初建时，图书已达七万八千余册。[2]张申府在上预科的时候，就常常从北河沿到藏书楼去借书，上本科后，更是经常待在阅览室里。李大钊出任北大图书馆主任后，大力整顿北大图书馆，还进购了许多新书刊，使北大图书馆馆藏量得到极大扩充。北大学生时常从图书馆借书阅

---

〔1〕 汪曾祺：《无事此静坐》，辽宁人民出版社 2007 年版，第 92 页。

〔2〕 肖东发等主编：《风骨：从京师大学堂到老北大》，北京图书馆出版社 2003 年版，第 91 页。

览，宁可曾在图书馆“借到侯外庐、王思华合译的《资本论》第一卷第一分册，郭沫若译的《资本论》第一卷，河上肇的《政治经济学大纲》等”〔1〕。罗荣渠研究“五四运动”专题时，图书馆内诸如《新青年》《新潮》等史料给予他很大帮助。金克木曾在北大图书馆当职员，据他回忆，四年级的学生因为写作毕业论文的需要，借书有方向性，低年级的学生大多借的是教师指定或介绍的参考书。〔2〕他还曾遇到一位数学系的学生来借关于历法的外文书。

北大学生如在校内图书馆借不到所需书籍，便会去北京图书馆找寻。千家驹当时听蒋廷黻先生讲授中国近代外教史，受其启发，“曾去北京图书馆借阅道光朝与咸丰朝的《筹办夷务始末》。还曾因为研究鸦片战争前的中英贸易史，阅读北京图书馆所珍藏的东印度公司的编年史”〔3〕。罗荣渠在其日记中多次提到去北京图书馆借书，比如为作“古代中国文化西来说略述”的报告，他到北京图书馆借阅蒋智田的书籍。没课的时候，他也会去北京图书馆看书，“借到一本Terrien de Daconperice 的 The Babylonian Charcter”〔4〕，尽管书很薄，但内容极为精彩。他还经常坐在期刊室里读《科学》，在上面发现了不少好文章。

除从图书馆借阅外，北京大学的学生会从书摊、报社、

---

〔1〕 宁可：《我在北大的读书生活》，载《博览群书》2008年第4期。

〔2〕 陈平原、夏晓虹编：《北大旧事》（第3版），北京大学出版社2018年版，第256页。

〔3〕 陈平原、夏晓虹编：《北大旧事》（第3版），北京大学出版社2018年版，第232页。

〔4〕 罗荣渠：《北大岁月》，商务印书馆2006年版，第71页。

书局等地自行购买书刊。北京当时有不少旧书摊，距离北大最近的便是东安市场，许多学生都会前去淘书。何兹全习惯在晚饭后去东安市场，“各个摊位走走停停，遇到新书，翻着看看，遇到自己需要的，就买上一两本”〔1〕。罗荣渠曾在东安市场买到过“Macaulay 的 History of England、井上翠的《日华字典》、日译本《黄土带》及一部《康熙字典》”〔2〕等书。相较于东安市场，琉璃厂距离北大较远一些，但书摊数量更多。罗荣渠在日记中记有一次在琉璃厂购书的情形，“把眼睛看花，把背躬累，幸好不虚此行，购得崔述的《丰镐考信录》和《洙泗考信录》两本书”〔3〕。此外，罗荣渠还常和同学去朝华书局、中国文化出版社、东单书肆等地购买书籍。

冯至习惯看刊物，会按时购买《语丝》《猛进》等周刊。“每逢星期日早晨起来，便听见报童们在街上奔跑叫卖，花两三个铜板买来一份周刊，就能很有心得地度过一个上午。”〔4〕

千家驹是经济系学生，平时会花费大量时间研究马克思、恩格斯的经济理论。凡是当时北京可以买得到的马克思、恩格斯的著作，如《资本论》《反杜林论》《哲学的贫困》等，他都会仔细地阅读。当时，日本东京有一“丸善株式会社”，可以邮购书籍，北京买不到的书，只要知道书名，千家驹就

〔1〕 何兹全著，潘雯瑾整理：《何兹全学述》，浙江人民出版社 2000 年版，第 14 页。

〔2〕 罗荣渠：《北大岁月》，商务印书馆 2006 年版，第 188 页。

〔3〕 罗荣渠：《北大岁月》，商务印书馆 2006 年版，第 66 页。

〔4〕 陈平原、夏晓虹编：《北大旧事》（第 3 版），北京大学出版社 2018 年版，第 210 页。

寄钱到日本买。[1]

北大学生购得书籍后会互相借阅。罗荣渠曾把自己购买的《世界文化史》借给源沧，《社会史简明教程》《清代史》《谈文学》借给锡康。他也向同学其湘借得《悲观论集》。

有的书籍无法买到，而且购买书籍也是一笔不小的开销，北大教授们自己家里的藏书和稿本即做了最切要的补充。马识途表示，教授们总是把最好的书借给自己青睐的好学之徒。[2]李大钊先生对来借书的学生从不吝啬，邓中夏最初开始了解马克思主义，就是从李大钊先生那里借了几本介绍马克思主义学说的书籍。罗荣渠经常向教授借书，从向觉明先生处借得《圆明园欧式宫殿残迹》《破邪集知本提纲》《历史语言研究所集刊》《唐大和上东征传》等书，问朱光潜先生借得《克罗齐哲学述评》一书。

总之，不论从图书馆还是他人处借阅，抑或是自行购买书籍，北大学生用自身的行动表明了他们利用课余时间刻苦攻读的精神，这些书籍也促进了北大学生的成长。

（二）读物的种类

通过前文的论述可以见得，北大学生所阅读的书刊种类繁多，极为丰富。按照文字形式，可将其分为中文书和外文书两类。按照内容，北大学生阅读的书刊可分为社会人文类、

---

〔1〕 陈平原、夏晓虹编：《北大旧事》（第3版），北京大学出版社2018年版，第231页。

〔2〕 陈平原、夏晓虹编：《北大旧事》（第3版），北京大学出版社2018年版，第231页。

自然科学类和工具书三种。其中社会人文类书刊可细分为史学、文学、哲学、心理学、艺术学等，自然科学类书刊可细分为天文学、物理学、地理学、化学等。

受到北京大学“自由主义”的影响，北大学生在选择读物时，并不拘泥于自己所学的专业，如史学系学生罗荣渠，他不仅阅读与专业相关的《史记》《尚书》《中国通史》《四库全书总目提要》等书，还会阅读《西洋乐谱作法》《青年心理修养》《精神分析引论》《世界美术全集》《人与超人》等书。此外，北大学生还会通过报刊及时了解新闻时政、学术前沿动态等。

总之，北大的莘莘学子既认真钻研所学专业知识，还在课下通过阅读积极拓展自己的知识领域。可以说，北大学生之所以能成长为德才兼备的人才，除了有赖于名师的教导，还有赖于各类书刊给予的滋养。

四、阅读当中的心理活动

推开北大图书馆的大门，你可以看到许多学生持书静读的身影，再走近些，你会发现，他们时而愁眉紧锁，时而眉舒目展，或颦或笑并非故作姿态，而是徜徉于精神王国里的烦闷、困惑、欢欣、舒畅。

北大学生在阅读过程中会产生许多心理活动，有的人会外显于面容，有的人则将其消化在内心中。陈独秀创办的《新青年》带给北大学生许多触动。张国焘在第一次看到《新青年》时便觉得名称合乎其口味，待细细看了内容后，更是喜不自胜，觉得确实适合时下青年之需要。他热心拥护

《新青年》，还会与反对者进行争论。茅盾阅读了许多介绍新思想的刊物，《新青年》令他深受鼓舞，他后来回忆说："在阅读《新青年》之前，我好像置身于黑暗中，到那时才突然打开窗户。"〔1〕邓中夏也时常翻阅进步刊物。有一次，邓中夏在《新青年》上看到了李大钊先生所作的文章《今》，恰巧前一天他刚听了李大钊先生的讲演，触动颇深，便赶忙读起来。文章中，李大钊先生谈到了"过去""现在"与"将来"三者的相互关系，"批判了乐'今'和厌'今'两种人"，这使邓中夏想到了以有辫子为傲的辜鸿铭先生，"不就是像李大钊先生所说的那种认为'今不如昔'，期望复古的人吗。"〔2〕转而他又想到自己，一如李大钊先生所言，"对现实的一切都不满，但又想不出什么办法，只好幻想着'将来'"〔3〕。文章中那种全新的思想和切中时弊的分析，深深地感染着邓中夏，他反复思考，如何善用"今"，以谋"将来"之创造。〔4〕沉思良久，甚感茫然，邓中夏最终决定去找李大钊先生请教。

《新青年》之后，《现代评论》《语丝》等周刊盛极一时。冯至经常买来阅读，其中有不少批评中国社会和国民性的文章，如鲁迅批判中国社会和文化，揭发粉饰太平的"君子

---

〔1〕侯成言编著：《茅盾》，黑龙江人民出版社1982年版，第12页。

〔2〕冯资荣、薛豪卓：《邓中夏青少年时代的故事》，贵州人民出版社1985年版，第130页。

〔3〕冯资荣、薛豪卓：《邓中夏青少年时代的故事》，贵州人民出版社1985年版，第130页。

〔4〕冯资荣、薛豪卓：《邓中夏青少年时代的故事》，贵州人民出版社1985年版，第131页。

们”的本来面目；周作人介绍英国蔼理斯《性的心理研究》，分析道学家们的肮脏心理。[1]冯至边阅读边体会：道貌岸然的道德家与装腔作势的学者往往是靠不住的人物。范文澜也曾阅读这些周刊，但他深受“宿儒”的影响，希望做个“沟通汉宋的学者”[2]，因而在看到反封建的内容时难以接受。可是他在阅读文章时不由得想起一些人，正符合鲁迅笔下的模样，口头上说些道德伦常，却做出不道德的行为。这令他矛盾不已，无所适从，还曾一度想从佛经中寻求解脱。

北大学生胸怀天下，经常成群挤在阅报室里读报。马识途对此印象深刻：冬天的阅报室里仅有一个小火炉，难以抵御寒冷的空气，但大家求知心切，“挤在一块儿看《大公报》上面王芸生写的《寄北方青年》的社论”[3]。同学们越看越激动，屋内的寒气仿佛都被驱散，整个屋子里充满了欢欣而活泼的朝气。

罗荣渠酷爱读书，并常常将阅读时的感受记录于日记中。他读萧一山的《清代史》，看到满篇“国父”“总裁”时，觉得非常不舒服。读到“百日维新”的内容时，令他跃然欲起。他十分赞同康有为所说的“若使吾四万万人皆发愤，洋人岂敢正视乎”，“故今日实人人有亡天下之责，人人有救天下之权者”，并评价此为“真针对我国积弊，千古不移之警

〔1〕 陈平原、夏晓虹编：《北大旧事》（第3版），北京大学出版社2018年版，第210页。

〔2〕 谢一彪：《范文澜传》（上卷），中国社会科学出版社2015年版，第87页。

〔3〕 牧洲、牧小编：《北大故事：名人眼中的老北大》，中国物价出版社1998年版，第7~8页。

语也”[1]。他读罗尔纲先生的《太平天国史纲》，因其对“太平天国的前因后果比较分析得详细，但是对太平天国本身的发展则写得太简单”[2]，使罗荣渠深深感慨做史家之不易，不仅要兼备才、学、识，还需要文学修养，若要更为优秀，则应具备卓越的超时代眼光。读威尔·杜兰特的《古今大哲学家之生活与思想》中译本时，他顿觉心中朗然，似乎有另一片新天地展开于眼前似的，细细品尝，余味无穷！[3]读完罗素的《怀疑论集》前两章内容，罗荣渠心旷神怡，感觉似乎又向真理走进一步了，于是迫不及待地继续读下去。

总之，北大学生在阅读过程中会产生各种心理活动，富有情感的内容可以引起学生的共鸣，富有哲理的内容可以引发学生的深思。阅读的过程既是体验的过程，也是思维的过程，这都有助于推动北大学生的成长。

五、成立不同类型读书会

蔡元培校长曾对全校师生说：“诸君须知，大学是研究学理的机关，所以大学的学生，是在教员指导之下，自动的研究学问的。”[4]于是，北京大学各系纷纷开始组织成立读书会，如国文学系读书会、史学读书会、数学学会读书会、物理学会读书会等。笔者在研读史学读书会简章和数学学会读

[1] 罗荣渠：《北大岁月》，商务印书馆2006年版，第50页。

[2] 罗荣渠：《北大岁月》，商务印书馆2006年版，第54页。

[3] 罗荣渠：《北大岁月》，商务印书馆2006年版，第77页。

[4] 杜家贵主编：《北大红楼：永远的丰碑（1898—1952）》，社会科学文献出版社2012年版，第569页。

书会细则后发现，各系读书学会的组织形式、活动内容等有诸多相似之处，各系读书学会一般以本系教员和学生为主要会员，“会定期出版刊物，邀请学者讲演，分组研讨学术”[1]，活动经费主要由学校拨款，活动相关消息会刊登于《北京大学日刊》。因专业领域不同，各系读书学会也有一些差别，下面简单介绍一下北京大学史学读书会和北京大学数学学会读书会。

北京大学史学读书会由张国威、张爱松等 12 名同学发起，[2]其他各系有意愿者亦可加入。简章中规定，各小组有对其他组讲演报告的义务，会员需将读书笔记或心得体会编写为报告书，轮流报告讲演，讲演完毕后，可随意互相问答辩论，以收联络互助之效。[3]

北京大学数学学会读书会以研究学术、增进读书效率为宗旨，由本系同学自由参加。细则中表明，每组有两位导师指导研究，开会时会员共同讨论疑难杂点，如对某个问题有特殊心得可在大会作系统报告。[4]

除上述以系为单位组织的读书会外，北京大学还有以全校为范围的规模较大的读书组织，如马克思学说研究会、新文学研究会、俄罗斯学术研究会等。“五四运动”之后，由李大钊发起，在蔡元培校长的支持下，北京大学马克思学说研究会正式成立，以“学说”代替“主义”二字是为避免反

---

〔1〕 杜家贵主编：《北大红楼：永远的丰碑（1898—1952）》，社会科学文献出版社 2012 年版，第 569 页。

〔2〕 夏孝萍：《民国书业读书会研究》，武汉大学 2019 年硕士学位论文。

〔3〕 《发起史学读书会意见书》，载《北京大学日刊》1922 年 4 月 19 日。

〔4〕 《北大数学学会读书会细则》，载《北京大学日刊》1930 年 3 月 22 日。

动政府的干扰。该会规定："对于马克思派学说研究有兴味的人，都可以做本会的会员。"经过几个月的发展，成员由最初的19人变为60余人，有邓中夏、张国焘、罗章龙、高君宇、王有德等。为配合研究工作，该会每周举行一次讨论会，每月举行一次演讲会，据陈仲瑜回忆，在会上，"由指定的会员宣读指定的重要文件或论文，并提出意见，大家静听后也各自发表意见"[1]。该会还利用一些纪念日开展活动，进行马克思主义的宣传。例如，1922年为马克思诞辰104周年举行了纪念大会，会上李大钊等发表了讲话。这些活动吸引不少会外人士参加，在广大群众中起到了有力的宣传作用。蔡元培还特意拨出北大西斋宿舍的两间屋子作为该会的办公室和图书室，图书室被学生们取名为"亢慕义斋"(亢慕义为德文共产主义的音译)，图书室收集了有关研究的汉、英、俄、德等各种文字的书报杂志达数百种，并且都盖有"亢慕义斋"戳记，会员和非会员都可以前去阅读。马克思学说研究会通过组织成员学习、讨论马克思主义学说，邀请名人讲演、宣传马克思主义等活动，不仅提高了北大师生的马克思主义水平，还促进了马克思主义在中国的传播。

此外，北京大学的学生也曾创建、参加过一些小型读书团体。其中阅书报社由徐志摩等人发起，毛以亨、吴澄为干事，召集了一批喜爱阅读的同学，以共同购买、阅读书报为主要活动。

翟俊千在回忆北大时提到，"五四运动"前夕，北大学

[1] 《老北大》编辑组编：《老北大》，中国文史出版社2016年版，第198页。

生成立过不少奋发图强的小型团体，拿较为有名的闻鸡起舞社来说，社员共同约定“清晨五时起床，做早操，冷水洗脸，先读书一小时，然后上课”〔1〕。

成舍我在北大求学期间，曾组织新知编译社翻译西方名著，成立以“发扬学术，传播文化”为宗旨的新知书社，不仅印刷发行新知编译社翻译的书刊，还贩运欧美、日本等国家有价值的书刊。成舍我还设立读书会，平时活动以阅读、研究、讲演为主。他还试图和读书会成员一起编纂教科书及百科全书，这就更无边际了，在学期间即想编纂百科全书，如此“狂妄”的计划，竟然没有受到时人的嘲笑，也可见时代风气之激扬。〔2〕

宁可回忆起在北大的学习时光时，也提及自己参加读书会的情况。他曾参加腊月社和剧艺社，但时间都很短。腊月社成立于西南联大时期，1948 年 12 月在北京大学恢复。当时成员有史学系的李克珍、王敬直以及哲学系的汤一介等人，他们在汤用彤先生的家里举行活动，每周一次，以讨论《反杜林论》为活动内容，但活动进行了两次就停止了。〔3〕宁可在 1948 年秋天加入北大剧艺社，按要求购买了《论演员的自我修养》《角色的诞性》等书籍，自学过后准备和大家一起讨论斯坦尼斯拉夫斯基的表演理论。遗憾的是，宁可只参加了两次活动，便因提前结束大学生活而离开了北京大学。

总之，民国时期北大的读书会类型众多，其中既有制定

---

〔1〕《老北大》编辑组编：《老北大》，中国文史出版社 2016 年版，第 195 页。

〔2〕陈平原：《北大精神及其他》，上海文艺出版社 2000 年版，第 93 页。

〔3〕宁可：《我在北大的读书生活》，载《博览群书》2008 年第 4 期。

章程、定期活动的大型组织，也有三五学生凭借共同志趣组建的小型团体。这些读书会一方面提高了北大学生的阅读兴趣，有助于北大校园读书风气的形成；另一方面通过开展不同的活动丰富了北大学生的阅读生活，有助于北大学生在阅读过程中汲取精神养料。

第三节　民国时期北大学生阅读生活对其精神生活的塑造作用

丹麦哲学家克尔凯戈尔认为，精神就是自我，人正是通过精神的存在与追求，才体现出强大的生命力，精神是自我存在中的一种具有动力学特征的因素。[1]爱尔维修更是把人的发展看成是人的精神空间的发展，他强调："人与人之间精神上的差异，是由于所接受的教育不同所致。"[2]

民国时期北大学生的阅读生活是自我教育的过程。阅读不同于浏览，浏览意为快速地看一下，而阅读是一种理解、领悟、吸收、鉴赏、评价和探究文字内容的思维过程。在阅读过程中，北大学生将个体的思考与感悟内化成知识、思维、情感、价值观、审美观等，既是个人精神空间逐步构建的过程，也是个人实现自我完善与发展的过程。

---

〔1〕 王坤庆：《精神与教育：一种教育哲学视角的当代教育反思与建构》，华中师范大学出版社2009年版，第4~5页。

〔2〕 王坤庆：《精神与教育：一种教育哲学视角的当代教育反思与建构》，华中师范大学出版社2009年版，第139页。

一、提高文化素养

文化素养是指人在文化方面具备的较为稳定的品质，是经由后天学习形成的，以各方面的知识为基础，并通过人的语言或文字体现出来。如古人云："读书破万卷，下笔如有神。"阅读是获取知识的最佳途径，北大学生通过博览群书开阔眼界、增长学识，从而提升自身的文化素养，充盈自身的知识空间。

虽然北京大学是当时社会著名的高等学府，校园中还弥漫着"自由散漫"的空气，但北大学生谦虚好学，会利用课余时间开展自己的阅读生活，并借由北大的"自由主义"拓展阅读领域，学习各方面知识。课上习得的知识是有限的，北京大学的教授会要求学生课下博览群书，还会为学生设列阅读参考书目。如国文教师沈尹默，要求学生课外精读庄子、荀子和韩非子的书籍，在文学方面推荐学生阅读《文赋》《史通》《文心雕龙》等，谈及佛家思想，他推荐感兴趣的学生阅读《弘明集》《广弘明集》等。在教师的指导下，北大学生穿梭于教室和图书馆之间，通过阅读生活巩固了自己所学的专业知识。陶希圣回忆：沈尹默先生推荐的书确能将中国文史之学的源流及其演变，摆在读者眼前。这一年级读书所得的进益可以说是不少。[1]

除通过阅读巩固专业知识外，北大学生还会根据自己的兴趣爱好选择读物，通过阅读不同种类的书刊丰富自身的学识。

---

〔1〕 陈平原、夏晓虹编:《北大旧事》(第 3 版)，北京大学出版社 2018 年版，第 159 页。

笔者选取何兹全、张中行、茅盾、冯友兰为例，具体论述北大学生通过阅读生活提升个人文化素养，塑造自身知识空间。

史学系学生何兹全考入北大后，“丝毫不敢荒废时日，充分利用这四年理想的学习环境，用功读书”〔1〕，他一有时间就钻进图书馆，是北大古籍阅览室的常客。何兹全从大学三年级开始写文章，到毕业前共发表《北宋的差役与雇役》《中古时代之中国佛教寺院》《“质任”解》等七篇论文。丰硕的学术成果得益于何兹全平时的阅读积累，他在自述中提到：“大约二年级开始读《资治通鉴》、二十四史”〔2〕。写作《北宋的差役与雇役》是因为对北宋的役法产生兴趣，在动笔前认真研读了《宋史》《文献通考》等书籍。何兹全在上陶希圣的课时受到启发，兴趣转至汉魏晋南北朝，立志要研究南北朝的佛教寺院。于是只要没有课，何兹全便步行至北京图书馆，在善本室阅读《大藏经》及有关佛教寺院和寺院经济的书，最后写成《中古时代之中国佛教寺院》一文。〔3〕博览古籍之外，何兹全还是陶希圣主编的《食货》的忠实读者。为学好英语，他还读了不少英文书籍，能够流利背诵出 *Five Tales* 的“Apple Tree”。第一次国内革命失败后，受环境影响，何兹全开始读一些当时新兴的宣传马克思主义的社会科学书籍，如“恩格斯的《家庭、私有制和国家的起源》

---

〔1〕何兹全著，潘雯瑾整理：《何兹全学述》，浙江人民出版社 2000 年版，第 16 页。

〔2〕何兹全著，潘雯瑾整理：《何兹全学述》，浙江人民出版社 2000 年版，第 16 页。

〔3〕何兹全著，潘雯瑾整理：《何兹全学述》，浙江人民出版社 2000 年版，第 18 页。

《德国农民战争》和考茨基的《基督教的基础》《托马斯穆尔和他的乌托邦》"[1]等，还读过河上肇的《唯物史观辩证法》。可以说，何兹全学术思想的形成除受陶希圣的影响外，也直接从马克思、恩格斯、考茨基的著作中受到影响。

中文系学生张中行在北大求学期间，教室和图书馆是他常去之所，甚至有时候会利用上课时间去图书馆。他在阅览室占了一个位子（当时北大图书馆阅览室的位子可以长期不退不换），桌上堆着大量书籍，"百分之九十几是古典的，或研究古典的"[2]。即便是专心研究古籍，需要看的书仍有数不清之多，在张中行的阅读计划中，经、史、子、集四部中声名显赫的书籍都要翻看一遍，即便数量庞大也不能缩减。其中，对于比较重要的或特别感兴趣的书籍，他准备多费些时间，从头到尾细细研读。在北大求学的四年时间里，张中行潜心于古典书籍，"由正襟危坐的《资治通鉴》之类到谈情说爱的《牡丹亭》之类，以及消闲的《回文类聚》之类"[3]，读了许许多多或整或散的古籍。他曾坦言，自己的"家底"都是由读书而来。由此可以看出，张中行通过勤勤恳恳的阅读生活，积累了大量的古典文史知识，对日后的文学创作大有裨益。

茅盾考入北京大学预科第一类（偏文科）后，专心求

[1] 何兹全著，潘雯瑾整理：《何兹全学述》，浙江人民出版社 2000 年版，第 16 页。

[2] 张中行：《临渊而不羡鱼：张中行散文》，浙江文艺出版社 2015 年版，第 7 页。

[3] 韩小蕙、靳飞主编：《张中行精品欣赏》，中国和平出版社 1998 年版，第 211 页。

学。国语老师要求学生博览群书，指定了《文赋》《文心雕龙》等阅读书目，茅盾一一读之。与此同时，他还利用闲暇时间阅读大量自己感兴趣的中国古典文学作品。大学期间的寒假，茅盾都没有回家，而是留在宿舍看书学习。他连续三年向表叔借阅二十四史，“寒假是一个半月，三年是四个半月，茅盾可以说是除辽、金、宋、元、明等史外熟读了二十四史”〔1〕。从茅盾与其师傅孙毓修的谈话中，我们可以大致了解他的文学知识储备：“我从中学到大学，涉猎所及有十三经注疏、先秦诸子、四史、《汉魏六朝百三家集》、《昭明文选》、《资治通鉴》，《昭明文选》曾通读两遍。”〔2〕茅盾在北大的阅读生活使他积累了大量史学、文学知识，并形成良好的文学艺术修养，成为他日后进行文学创作的牢固根基。

冯友兰在中学时，由于学校注重西学教育，他逐渐喜欢上逻辑学，还对哲学产生了兴趣。当他得知北京大学筹备开设西洋哲学系，并且已经聘请周慕西先生任教时，便毅然报考。但当他怀着学习西洋哲学的志向考入北大后，才得知周先生已经去世，西洋哲学系也未能如愿开设，他只好改入中国哲学系。周慕西先生的家人将其生前藏书捐献给了北大图书馆，这成为当时北大图书馆中仅有的一批西洋哲学书，也成为冯友兰在课余时间的读物。在北大学习期间令冯友兰眼界大开，他发现，“在八股文、试帖诗和策论之外，还有真正的学问，就像是进入了一个新的天地”〔3〕。冯友兰刻苦学

〔1〕 郑彭年：《文学巨匠茅盾》，新华出版社 2001 年版，第 58 页。

〔2〕 茅盾：《茅盾自传》，江苏文艺出版社 1996 年版，第 75 页。

〔3〕 蔡仲德：《冯友兰先生年谱初编》，河南人民出版社 2001 年版，第 38 页。

习中国哲学，他加入了哲学读书会，和同学一起读书研究。在阅读过程中遇到问题时，便去找老师请教，如冯友兰曾“向章士钊请教有关《墨经》的问题”[1]。此外，冯友兰平时还会阅读《新青年》《每周评论》等杂志，这有益于他了解新的思想文化。三年时间，冯友兰通过课上学习和课下阅读，系统学习了中国传统学术思想，也接触到一些西方哲学知识，为其今后的学术研究奠定了知识基础。

总之，北大学生利用课余时间博学杂览，刻苦攻读，不仅在教师指导下阅读专业相关书籍，巩固所学知识，还扩大阅读范围，涉猎不同领域的知识，从而扩充自身的知识空间，提升个人文化素养。

二、磨砺理性思维

理性，与感性相对，是人的一种思维能力，借由这种思维能力，人们能够认知事物或者现象的本质和规律。北大学生在阅读生活中发展了思维能力，培育出理性思维，从而建构起自身的思维空间。

1916 年，高君宇考入北京大学预科。在 1917 年蔡元培先生主校后，北大的学术气氛愈发浓厚。高君宇在这样的环境中刻苦攻读，努力学习专业知识，期望日后能为国家振兴出一份力。与此同时，得益于“思想自由，兼容并包”的办学方针的实施，各派学术观点、进步思潮等涌入北大校园，身处其中的高君宇由此养成“求学之余，兼留意政治”[2]的

---

[1] 蔡仲德:《冯友兰先生年谱初编》，河南人民出版社 2001 年版，第 32 页。

[2] 李会梅:《高君宇思想研究》，湖南师范大学 2012 年硕士学位论文。

习惯，通过阅读各种时事报刊，他逐渐意识到，中国社会需要变革。

邓中夏自幼迷恋古书，考入北大中文系后，他拥有更多时间看古书。但是时代的动荡使他愈发认知到“闭门读书”是不可取的，在北大这一自由的学习环境中，他开始接触各种新思想、新文化，并从“古书堆”中跳出来，阅读不同种类的书刊。在学习和实践过程中，邓中夏产生了教育救国的思想，在北大组织成立了“平民教育演讲团”，期望推动平民学习的自觉性。但每次参与讲演活动的民众寥寥无几，这使邓中夏对教育救国思想产生怀疑。“五四运动”后，他彻底放弃这一思想，开始探索从根本上挽救中国社会的道路。

在北京大学的校园中，有许多学生和高君宇、邓中夏一样，经常阅读进步报刊，希望从中探究出一些救国治学的新门径。俄国十月革命后，再加上“五四运动”的影响，北大学生的思想开始剧变。他们不仅受到马克思主义思想的影响，还受到其他不同学派思想的影响，如高君宇曾向往无政府主义。1918 年 1 月，李大钊先生出任北京大学图书馆主任。他对马克思主义抱有坚定信念，公开推荐入藏马克思主义书籍，开辟专题阅览室，吸引了大批有志青年学生前来阅读。一时间北京大学图书馆成为在中国传播马克思主义思想的重要阵地。高君宇和黄日葵等同学经常到“亢慕义斋”听李大钊宣讲马克思主义理论，共同探讨中国革命的出路问题。在李大钊的指引下，高君宇阅读了大量马克思主义书籍，对马克思主义学说有了一个清晰的认识，确信只有走社会主义道路才能够救中国，抛弃了他之前向往的无政府主义。

高君宇等北大学生通过阅读马克思主义书籍培育了理性思维。他们在研究马克思主义思想的过程中逐渐形成了科学把握世界和社会发展的思维与方法，树立起马克思主义世界观，得以在不同的思潮中做出清晰的判断，坚定地选择马克思主义，并在它的指引下，积极投入改造中国社会的革命斗争中。

和邓中夏一样，张中行也曾迷恋古典文论，在积累了大量文史知识后，注意力逐渐“由身外转向身内”，开始思考人生问题。他曾向生物系的牛满江询问：“生命的存在有何意义?”但他不甘心于“不过是繁衍生息”这样的结论。〔1〕于是，张中行跳出故纸堆，开始阅读西方的哲学和东方的佛学。西方哲学的理性精神，即怀疑主义，对张中行影响最大，他大体上接受的是休谟的“温和怀疑论”，崇尚理性知识。他还研读了大量罗素的著作，尤为推崇《怀疑论集》一书。西方哲学培育了张中行“以疑始，以疑终”的信念，他洞察世事，透视人生；对佛学的研究使他能“从佛学的教义或佛理上观照宇宙人生，体悟情与欲、生与灭的人生境界”〔2〕。但他绝不超脱，从没有逃避作为知识分子的责任，而是一直关注“自己食息于其间的社会民生”〔3〕。对西方理性精神的推崇，使张中行思维敏锐，事事存疑，不迎合，不盲从。其

〔1〕 孙郁、刘德水主编：《说梦楼里张中行》，中国工人出版社 2007 年版，第 59 页。

〔2〕 孙郁、刘德水主编：《说梦楼里张中行》，中国工人出版社 2007 年版，第 59 页。

〔3〕 孙郁、刘德水主编：《说梦楼里张中行》，中国工人出版社 2007 年版，第 78 页。

二女儿张文在谈到父亲时说："父亲说自己是思想家，他很喜欢思考，他看待任何事情都是思辨的。"[1]这使得张中行能清晰地认识到中国文化中糟粕的一面，其所作文章也充满思辨色彩，具有很强的批判精神。

哲学系学生顾颉刚也是在阅读过程中逐渐培育了理性思维。他在入学之初对传统学术已具备良好的根基，课余时间会阅读梁启超、章太炎等人的文章。看到他们对传统学术进行重新估价后，批判的意识和态度开始在顾颉刚心中发芽。他还读夏曾佑的《中国古代史》，对其视三皇五帝时代为"传疑时代"的眼光很佩服。基于阅读生活，顾颉刚的思想得到了解放，他说："我的心目中没有一个偶像，由得我用了活泼的理性作公平的裁断"，"我竭力破除功利的成见，用平等的眼光去观察一切"。[2]

从上述内容可见，北大学生在阅读过程中勤于思考，磨砺出理性思维，这使他们能够在动荡的年代针砭时弊，在面对不同的思想文化时保持清醒，明辨是非。北京大学能够成为"五四运动"和中国最早传播马克思主义的阵地，与认真求学、热心时事，通过阅读生活培育了理性思维的北大学生不无关系。

三、丰富情感体验

情感是人的精神活动的重要组成部分。亚里士多德说：

---

〔1〕 孙郁、刘德水主编：《说梦楼里张中行》，中国工人出版社 2007 年版，第 180 页。

〔2〕 郭建荣、杨慕学编著：《北大的学子们》，中国经济出版社 2006 年版，第 54 页。

“情感，是指嗜欲、忿怒、恐惧、自信、嫉妒、喜悦、友情、憎恨、渴望、好胜心、怜悯心，和一般伴随痛苦或快乐的各种感情。”〔1〕人是具有如上述一般丰富情感的个体，教育的目的是促进人的全面发展，如果说知识教育使人更加睿智，那么，情感教育则使人更加完整。

阅读是大学生获得情感体验的一种重要途径。教育家钱理群说过：“与书中的人物或心灵同哭同笑同焦虑同挣扎，在不知不觉中会发现自己变了，变得更复杂更单纯，更聪明也更天真，他们的精神自由而开阔了，他们的心灵变得更美好了。”〔2〕北大学生在阅读过程中，能够调动自己的情感对书中角色或情境产生共情，从而丰富自身的情感体验。

德文系学生冯至性格比较内向，敏感多思，不善与人交往，时常独处。受性格影响，他偏爱“那些色调比较低沉、悲凄的作品”〔3〕。冯至尤其喜爱读唐诗宋词，因为在诗人巧妙地勾勒下，山水草木都仿佛有了感情，离情别绪也显得既哀伤又动人。像李长吉之凄苦，义山之悒忧，温庭钧之浓丽的伤感，都令冯至感动不已。〔4〕

受专业影响，冯至阅读过不少德文书。德国浪漫派文学带给冯至更多与之契合的情感体验。诺瓦里斯在《夜的歌颂》中赞美黑夜，歌颂死亡；歌德在《少年维特之烦恼》一

---

〔1〕［古希腊］亚里士多德：《尼各马可伦理学》，廖申白译注，商务印书馆2003年版，第43页。

〔2〕申海敏：《在经典阅读中建构学生的精神家园》，山东师范大学2007年硕士学位论文。

〔3〕王邵军：《生命在沉思——冯至》，花山文艺出版社1992年版，第19页。

〔4〕王邵军：《生命在沉思——冯至》，花山文艺出版社1992年版，第19页。

书中呈现出一个凄美动人的爱情故事。这些格调悲凉，意境伤感的德国浪漫派文学深深地吸引了冯至，他“每天总要看一两点钟浪漫派小说”[1]，边阅读边感受，沉浸其中无法自拔。暑假时，冯至从叔叔冯文潜那里读到了德国诗人荷尔德林的《徐培利昂》，书中有一首名为“命运之歌”的诗，他虽然没有完全读懂诗的内容，但依然感受到了其中的沉郁。

冯至还会读一些明清时期的传记类文学作品，如《浮生六记》《秋灯锁忆》《香畹楼忆语》《寄心锁语》等，这些作品大多数是悼亡之作，笔调直率，内容朴实，皆是书写生活中的日常琐事，但字里行间流露着淡淡的伤感之情。他从中看到了一种哀哀的被破灭的美。[2]

历史系学生罗荣渠也非常喜欢读书，并且不拘类型，通过考察他的日记，可以发现阅读带给他的多种情感体验。罗荣渠读郭沫若著的《我的结婚》，其中记载了“朱山先生被军阀诬杀一事”，朱山在临死前以诗“去年谈笑曾分手，地狱天堂两自由，惟有人间留不得，一分颦笑见恩仇”作别朋友刘申叔。罗荣渠读后为之伤感不已，将诗句抄录于日记中，并写下：“可谓甘苦之言也。”[3]他读希腊著名悲剧《被幽囚的普罗密修士》，看到普罗密修士为人类牺牲自己时，罗荣渠感到非常难过。他将感受记录于日记中：“一股严肃崇高的气氛注到心头，但这更不能弄掉我悲观的面罩。”[4]

---

〔1〕 王邵军：《生命在沉思——冯至》，花山文艺出版社1992年版，第20页。
〔2〕 王邵军：《生命在沉思——冯至》，花山文艺出版社1992年版，第19页。
〔3〕 罗荣渠：《北大岁月》，商务印书馆2006年版，第158页。
〔4〕 罗荣渠：《北大岁月》，商务印书馆2006年版，第158页。

罗荣渠读《浮士德》时，看到主人公浮士德从不示弱，一直积极进取，令他“感到一种莫名的痛苦和惊悚”[1]。痛苦是因为罗荣渠对书中浮士德的遭遇产生共情；惊悚是察觉到自己过去的生活态度是错误的，他不应该在正值青春之时压抑自己。浮士德让他觉悟，他在日记中写下：“我要立刻打碎那灰色的枷锁，我要生命！我要力量！我要追求！”[2]

罗荣渠读《科学与人生观》一书，因其收录了参与 20 世纪 20 年代“科学与玄学”之争的诸多先生的文章，他越读越觉得热闹有趣，仿佛穿越了时空，亲历了那一场激烈的论战，直言当今应该提倡这种辩论精神。[3] Toynbee 的《受考验的文明》和 Sarokin 的《灾难中的人类与社会》两本书，从书名到内容，都令罗荣渠倍感忧愁，他思及当下及未来，与好友桀国“同声叹息修明之无望，愿共同致力于学术”[4]。

许多北大学生都如冯至、罗荣渠一样，在阅读过程中获得了友情、爱情、欢喜、伤感、愤怒等较为个人的情感体验，更为重要的是，他们还通过阅读激发出了爱国情感，并将这一情感通过实践活动显现出来。

北大学生不仅在课上学习历史，还利用课余时间阅读历史书籍，他们在历史记载中看到中国遭受帝国主义列强的侵略以至于一步步沦为半殖民地半封建社会，也读到无数爱国志士为救亡图存而英勇献身的事例，这些内容无一不激发出

[1] 罗荣渠：《北大岁月》，商务印书馆 2006 年版，第 461 页。
[2] 罗荣渠：《北大岁月》，商务印书馆 2006 年版，第 462 页。
[3] 罗荣渠：《北大岁月》，商务印书馆 2006 年版，第 210 页。
[4] 罗荣渠：《北大岁月》，商务印书馆 2006 年版，第 405 页。

北大学生的爱国情感。他们开始关注时事，从杂志上阅览爱国知识分子撰写的文章，从报纸上了解国内外的政治局势，爱国之情日益强化。

狄德罗说过："只有情感，而且只有大的情感，才能使灵魂达到伟大的成就。"北大学生从阅读生活中激发并强化爱国情感，又将其外显于实践活动中。当俄国十月革命胜利的消息传入中国，传进北大校园，北大学生看到了民族解放的希望。他们开始带着爱国之情进行一系列实践活动，如团结在李大钊先生周围，深入学习马克思主义；成立"平民教育讲演团"以期"增进平民知识，唤起平民自觉心"；创办刊物，宣扬救国救民思想等。中国政府在巴黎和会上外交失败的消息传入国内，终于引爆北大学生满腔的爱国情感，北京大学成为"五四运动"的发源地，北大学生纷纷投入其中。为发动广大群众，张国焘"背上一个装满《每周评论》《星期评论》等爱国书刊的袋子，走到街上一面叫卖，一面向市民宣传"〔1〕。此外，在之后的"一二·九运动""三三一游行""五卅运动"等爱国运动中，都可以见到北大学生的身影。

通过上述内容可以发现，北大学生的情感空间塑造于阅读过程中，他们阅读文学作品时，对字里行间蕴含的情感产生共鸣，感同身受地体味不同的情感，从而丰富了自身的情感体验。他们阅读历史书籍时，激发出了爱国情感，爱国之情促使北大学生读书不忘救国，积极投身爱国运动。

---

〔1〕 张国焘：《我的回忆》（第1册），现代史料编刊社1980年版，第61页。

四、涵育道德品性

道德品质是一定社会道德原则和规范在个人思想和行为中的体现，是个人在社会实践中表现出来的较为稳定的特征。道德品质不同于其他社会意识和行为规范，它不靠外来的强制力量起作用，而靠社会舆论、传统习俗，特别是人们内心信念的力量起作用。北大学生在阅读过程中形成了勤勉努力、吃苦耐劳、正直无私、仁爱互助、严谨细致等道德品质。

北京大学学术气氛浓厚，学生们期望通过勤学苦读，求得真才实学，进而救国济世。他们除认真上课听讲外，还经常到图书馆读书学习，终日孜孜不息。北大新图书馆建成之前，“旧馆已经变成很陈旧很腐朽的屋宇了，但每天照例的有几百个年轻的男女在那里川流不息地进出”〔1〕。不论酷暑还是严冬，图书馆内每天都挤满了认真读书的学生，因为位子有限，北大学生常常为了“抢占一席之地”拼速度、拼耐力。尽管学生很多，但大家都能自觉保持安静，别有一番读书乐。抢不到位子的学生只得从图书馆借书后另选他所阅读，宿舍即是学生们的第二选择。如顾颉刚从图书馆借来许多书籍，按日圈点诵读，时常读书直到夜里两点多钟不能罢。程厚之在北大求学的三年时间里，“真正做到了埋头钻研，苦学苦练”〔2〕，还戏称自己为西斋的“书呆子”之一。陶希圣

〔1〕 牧洲、牧小编：《北大故事：名人眼中的老北大》，中国物价出版社1998年版，第7页。

〔2〕 陈平原、夏晓虹编：《北大旧事》（第3版），北京大学出版社2018年版，第214页。

曾说："一个乡村青年，到了首都北京，渐染一种'大爷'的习气。"〔1〕他在阅读《宋儒学案》和《明儒学案》之后，由习气转入悔悟，开始刻苦学习。北大学生通过日复一日的阅读生活，形成了勤勉努力、吃苦耐劳的优秀品质，如冯至所言："不只是在教室内，更重要的是在教室外，培育了我做人的态度。"〔2〕

陈独秀创办的《新青年》迁至北京后，北京大学成为新文化运动的主要阵地。大批进步知识分子通过《新青年》宣传其思想观点，他们批判中国封建社会"君为臣纲，父为子纲，夫为妻纲"的伦理道德观，提倡人人平等、独立自主的新道德。据张国焘回忆，《新青年》引起同学们广泛的注意，每期出版后，在北大即销售一空。〔3〕北大学生在阅读《新青年》的过程中，潜移默化地形成了新的道德品质，如陈独秀曾在《我之爱国主义》一文中号召国人共同实践勤、俭、廉、洁、诚、信等六种德性，对北大学生造成深刻的影响。罗常培就是在《新青年》的滋养下成长起来的。毕业后，他曾在段祺瑞执政府里做速记员，以维持生活。"三·一八惨案"发生后，他毅然辞去这份收入不菲的工作。可以说，罗常培在北大受到的教育与熏陶，不仅在于知识的积累，更在

---

〔1〕陈平原、夏晓虹编：《北大旧事》（第3版），北京大学出版社2018年版，第160页。

〔2〕陈平原、夏晓虹编：《北大旧事》（第3版），北京大学出版社2018年版，第210页。

〔3〕民国文林编著：《民国范儿：是真名士自风流》，现代出版社2011年版，第63页。

于思想的进步、道德修养的完善等精神世界的追求。[1]

朱自清考入北京大学预科后，家境愈发贫苦，于是跳级投考北大本科。课余时间，他喜欢读佛学书籍，常常去到西城鹫峰寺买佛经。佛学强调以慈悲为怀，与世无争，与人为善。《佛教的道德观》中指出，佛教对道德的定义就是“善”。朱自清深受佛学影响，性情温和，待人和善，尽管“一生清贫，但他始终淡泊名利，洁身自好，从不肯为获取私利而向恶势力低头”[2]。据朱自清的学生回忆：“先生和我们这些青年讨论问题，总是把他自己和我们都摆在平等的地位上。他对你既尊重，又爱护，跟你会有争论，但他从不把自己的意见强加于人。”[3] 孙伏园曾与朱自清在新潮社共事，在他眼中，“佩弦性格和善，从来没有感情冲动的语调”[4]。欧阳清回忆起朱自清时，曾感慨道：“最感人至深的是，1948 年 6 月 18 日，朱自清先生在疾病交迫，甚至无钱看病的窘境下，毅然在拒领美国平价面粉的宣言上签字，以抗议美国对中国人民的侮辱与侵犯。”[5]

邓广铭在阅读生活中形成了治学严谨的品质。通过阅读吴廷燮的《北宋经抚年表》和《南宋制抚年表》，他发现，这两种年表是“取精用宏的备见功力之作”[6]。吴廷燮从事

〔1〕 李宏主编：《北大逸事》，辽海出版社 1999 年版，第 174 页。

〔2〕 李宏主编：《北大逸事》，辽海出版社 1999 年版，第 265 页。

〔3〕 郭良夫编：《完美的人格：朱自清的治学和为人》，生活 · 读书 · 新知三联书店 1987 年版，第 67~68 页。

〔4〕 姜建、吴为公：《朱自清年谱》，安徽教育出版社 1996 年版，第 19 页。

〔5〕 李宏主编：《北大逸事》，辽海出版社 1999 年版，第 265 页。

〔6〕 陈平原、夏晓虹编：《北大旧事》（第 3 版），北京大学出版社 2018 年版，第 408 页。

学术工作的严谨精神和态度令邓广铭由衷钦佩，并受用终生，他在此后写作文稿时，“全都是暗自以吴氏的几种《年表》作为榜样的”〔1〕。

人无德则不立，北大学生孜孜不倦地读书，在阅读过程中涵育了勤勉努力、吃苦耐劳、正直无私、仁爱互助、严谨细致等良好的道德品质。这些道德品质构建了北大学生的价值空间，不论对其个人还是社会发展而言都具有重要意义。

五、涵养审美品质

审美是指主体对客观事物的能动反映，是人类理解世界的一种特殊形式。审美品质包括审美意识、审美判断、审美情趣、审美理想等方面。

阅读即是一种审美活动，可以为读者带来审美体验，使读者获得审美愉悦。德国理论家沃尔夫冈·伊瑟尔认为，文学阅读活动是双向作用的过程。他表示，根据现象学原理，人们可以将文学作品视为一种审美客体，读者在阅读优秀的文学作品时，不仅能够获得审美愉悦、提升审美情趣，还可以被激发出审美创造力。民国时期的北大学生就是在阅读过程中感受美、领悟美，进而提升自己的审美素养。

在新文化运动中，产生了文学革命，陈独秀、胡适、李大钊、鲁迅等人提倡以白话代替文言，并以身作则在《新青年》《新潮》《少年中国》等杂志上发表白话文章。文学革命这一运动引起了北大师生的广泛关注，北大学生的审美观念

〔1〕 陈平原、夏晓虹编：《北大旧事》（第3版），北京大学出版社2018年版，第409页。

在阅读白话文章的过程中潜移默化地受到影响，学生张国焘曾说：“与文言文的多所拘束相比，白话文在表达方式上更加自由，简单通用的语句便于多数人阅读。”〔1〕

陈独秀等人提倡的白话文运动不仅局限在散文领域，还扩展到古诗上，他们提倡以自由的无韵诗替代格律严谨的古体诗。胡适所作的《尝试集》，是中国现代文学史上第一部白话诗集，作品中有表现个性解放和积极进取精神的部分。如果说《尝试集》是新旧诗的分水岭，那郭沫若的《女神》可称为中国现代新诗的奠基之作。该诗集运用神话题材、诗剧体裁、象征手法等来反映社会现实。北大学生受到这两部诗集及《星期评论》《学灯》《觉悟》等发表新诗的杂志的影响，纷纷开始尝试创作新诗。朱自清后来创作的《毁灭》，是一首充满积极意味的长诗，较多使用了对比、象征、比喻等表现手法，“把生活中的诱惑和压力，把虚幻和哀愁，都用意象表现了出来”〔2〕。朱自清在作品中体现的审美情趣无疑是受到《尝试集》和《女神》的影响。

朱自清的审美情趣还受到中国传统文学的影响。中国自古便是诗的国度，通过诗歌创作，一代又一代文人墨客为后人留下了宝贵的精神财富。他们有属于自己的生活方式和思维方式，因而，也有他们自己独特的审美趣味、审美理想，更有他们对现实世界和理想世界认知的独特表现形式。〔3〕古

〔1〕 张国焘:《我的回忆》(第1册)，现代史料编刊社1980年版，第39页。

〔2〕 何华:《〈荷塘月色〉的哲理意味》，载《语文教学与研究》2019年第10期。

〔3〕 方大卫:《朱自清创作思想研究》，安徽大学出版社2009年版，第17页。

代的一些诗人，因为不满于社会现实，便会寄情于山水之间，赞叹自然之美的同时寄托自己的所思所悟。如“采菊东篱下，悠然见南山”的陶渊明，感慨渔翁在“千山鸟飞绝”中“独钓寒江雪”的柳宗元等。朱自清喜爱阅读这些古人的作品，还向他们学习，将自己的情感融入大自然。在朱自清的作品中，如我们熟知的《荷塘月色》，静谧之中不乏有淡淡哀愁；《春》中描写的生机勃勃的春天寄托了朱自清对自由境界的向往；在《绿》中，朱自清对着绿意盎然的梅雨潭不吝赞美之词。这些独具风格的散文作品显示出朱自清不同于他人的审美素养，郁达夫曾评价：“朱自清的散文，能够贮满一种诗意。”不难发现，朱自清散文作品中意象单纯、语言简练、情景交融的审美情趣，深受其大学期间阅读的中国传统文学的影响。

曾在北大求学的俞平伯，是白话新体诗最早的作者之一，也是独有风格的散文家，他的审美素养深受阅读生活的影响。俞平伯在考入北大预科后，即展开了丰富的阅读生活。他喜爱阅读周邦彦的作品，黄侃教授借给他一本郑文焯校刊的《清真词》，他认真阅读并作了札记。俞平伯在校期间，正是新文化运动蓬勃发展之际，他曾在一封答问信中说道，在1917—1918年，他因受《新青年》影响，偕同学办《新潮》杂志，并开始写白话诗文。俞平伯还认真地研读过托尔斯泰的《艺术论》，他认为：“托尔斯泰的论调，偏激之处恐怕也是有的。但我读了他的《艺术论》（1921年共学社译本）竟感动很深，觉得他的话大体是真实的。”[1]俞平伯最同意托尔

[1]《俞平伯全集》（第3卷），花山文艺出版社1997年版，第534页。

斯泰的议论有两点，其中有一点“美的概念的游移惝恍”。[1]他在其后的文学创作中继承了托尔斯泰文学向善、平民性等一系列文艺思想。

1917 年，北洋大学法科并入北京大学，法科学生徐志摩由此转入北大就读。攻读法学之余，徐志摩喜欢阅读中外文学，中国传统文化对其影响深远。庄子的代表作《逍遥游》具有独特的艺术风格，庄子强调，“惟有回到自然存在的形态，才能达到自由之境”[2]。受此影响，徐志摩形成了以自然为美的自由观。他在进行文学创作时，会选取自然事物为意象。他认为，存在于自然界中的万事万物，“不论其细如涧石，暂如花，黑如炭，明如秋月，皆孕有甚深之意义，皆含有不可理解的神秘，皆为至美之象征”[3]。徐志摩歌咏自然，崇拜性灵，其作品多为自然所渗透。对他而言，自然几乎等同于艺术，写作时不须对自然之物做过多的修饰与描绘，即可体现出它们本身的美感，如《再别康桥》中“河畔的金柳”“软泥上的青荇”“榆荫下的一潭”等。由此可见，庄子崇尚自然、追求自由的无为思想对徐志摩的审美情趣产生了重要影响。

从上述内容可以看出，北大学生在阅读过程中陶冶了自身的审美情趣，培养了领悟美、感悟美的能力，他们在领悟美、感悟美的基础上创作出来的文学作品自然也是富于美感的。

---

〔1〕《俞平伯全集》（第 3 卷），花山文艺出版社 1997 年版，第 535 页。

〔2〕李睿：《浅论庄子对中国古代自由精神传播的影响——庄子对自由之境的追寻路径》，载《东南传播》2014 年第 8 期。

〔3〕徐志摩：《徐志摩散文》，人民文学出版社 2007 年版，第 52 页。

第四节　历史经验的当代价值阐释

近年来，我国政府高度重视国民精神文明建设，强调精神财富的极大丰富对于实现中华民族伟大复兴的中国梦具有重要意义。中华传统文化的传承离不开阅读，中华民族共同精神家园的建设更离不开阅读。因此，我国大力提倡全民阅读活动，并在“十四五”规划纲要中提出“深入推进全民阅读，建设‘书香中国’”。

大学生作为国家宝贵的人才资源，是我国未来的建设者和接班人，肩负着实现中华民族伟大复兴的重要使命。因此，大学生精神空间的建构不论对于个人成长还是国家发展而言都具有重要作用，应当予以重视和关注。教育专家朱永新认为，“一个人的精神发育史就是他的阅读史”〔1〕，也就是说，阅读有助于塑造大学生的精神空间。因此，如何通过改造阅读生活塑造大学生的精神空间，成为我们不得不严肃思考的问题。

虽然时过境迁，新时代的大学生和民国时期的北大学生所处的历史背景已然相去甚远，但民国时期北大学生通过阅读生活构建精神空间的历史经验，对当代的高校和大学生仍具有重要借鉴意义。

〔1〕 朱永新：《我的阅读观》，中国人民大学出版社2012年版，第25页。

一、学校方面

大学生经历高考的洗礼后，步入大学校园。在大学阶段，不同于之前的学习方式使得大学生拥有较多的闲暇时间，这可能会导致部分学生放纵自己，沉迷于娱乐生活而荒废学业，更谈不上通过阅读构建自身的精神空间。高校需要培养学生的阅读兴趣，在校园中营造良好的阅读风气，完善高校图书馆的建设，从而促使学生自发地开展阅读活动。

（一）培养学生阅读兴趣，引导学生阅读行为

心理学家认为，兴趣是一种心理倾向，它驱使个体去钻研某种事物或进行某种活动。人的兴趣可以是单一的，也可以是多样的，人们养成某种或多种兴趣后也不是一成不变的。心理学研究表明，兴趣既取决于先天的因素，也受后天的教育及生长环境的影响。由此可见，兴趣是可以培养出来的。

爱因斯坦说：“兴趣是最好的老师。”孔子说：“知之者不如好之者，好之者不如乐之者。”两个伟人都在阐述兴趣的重要性。何以故？兴趣是一种内在动机，能够激发出学生开展自主学习的行动力。张申府、顾颉刚、汤一介等民国时期的北大学生就是在兴趣的驱使下，利用课余时间进行阅读活动。当代高校应当借鉴其经验，培养大学生的阅读兴趣，促使其能够在课余时间自发地进行更多的阅读活动，从书籍中汲取精神养料，进而从多方面涵养自身的精神空间。

首先，应当选择适合大学生年龄和心理特点的书籍以培养大学生的阅读兴趣。在大学阶段，大学生处于成年早期，

虽然脱离了中小学生的稚嫩和天真，但还没有成年人的沉稳和从容，心理发展尚不成熟。作为高校教师，要在此基础上为学生选择合适的读物，使学生通过阅读完善自我，获得成长。教师还可以和学生共同阅读，相互分享读后感，从而更全面地了解学生的特点，因材施教，为不同的学生推荐不同的书籍。

其次，将课堂学习和课外阅读有机结合起来。进入大学后，大学生拥有更多可自主安排的时间，高校教师应该借此培养学生的阅读兴趣，根据课程内容，给学生推荐相应的书籍。民国时期北大教授沈尹默就曾为学生推荐阅读书目，使学生通过课下阅读更好地理解课上所学内容。高校教师可以在课上利用较短的时间介绍书中精彩的部分，从而激发学生课下阅读的兴趣，毕竟授课时间是有限的，更多的知识需要学生在课余时间自动自发地学习。学生养成阅读兴趣，不仅对其所学专业有所裨益，还有助于学生开阔视野，增长见识，提升个人的文化素养。

最后，给予学生选择阅读方式的自由。学生们性格不一，每个人都有自己的阅读方式，有的学生喜欢边读书边勾画，有的学生则习惯整本书看完后再整理记录；有的学生喜欢坐在图书馆里静默地看书，有的学生偏爱在大树下的阴凉地高声朗读；有的学生钟爱纸质阅读，翻页时能闻到油墨香，有的学生更倾向电子书，随时随地都能阅读……大学生是有主见的成年人，阅读的方式也没有定式，对于大学生的阅读方式，只要是正确的，有益于其发展的，教师不必加以干涉。因为只有大学生按照自己最舒服的方式去读书，才能享受到阅读的乐趣，从而养成阅读的兴趣。

高校不仅要培养学生的阅读兴趣，还应该引导学生的阅读行为。有赖于网络的发达和科技的进步，手机、电脑平板等电子产品为大学生的阅读生活提供了诸多便利。与传统纸质阅读相比，电子阅读的确具有一些优势，如信息容量大、存取便捷、使用成本低等，因而受到许多当代大学生的喜爱。然而，我们也不能忽视电子阅读的缺点。其一，大学生使用电子设备阅读时，注意力很容易被其他应用程序分散，致使阅读效率下降。其二，电子阅读给大学生提供的“快餐式阅读”“碎片化阅读”等形式，可称之为“浅阅读”，这既不利于文字信息被记忆，也不利于大学生在阅读中进行思考。苏霍姆林斯基曾说：“没有真正的阅读，一个人就会受到精神空虚的威胁。”为避免学生因长期“碎片化阅读”而导致肤浅及精神空虚，高校应当引导学生进行“深阅读”，即在阅读中有所思考和启发。大学生不论选择纸质阅读还是电子阅读，都应当通过阅读有所得，从文字中获得智慧或是力量，通过阅读构建自己的精神空间，这些都需要通过深度阅读才能做到。

（二）营造良好阅读风气，建设书香校园

《毛诗序》中云：“风也，教也。风以动之，教以化之”。我们可以将“风”理解为风气或者文化，也就是说，校园的风气可以起到教化作用。民国初期的北京大学是陈旧腐败的，自蔡元培出任北大校长后，才开创了学术研究、思想自由的风气。在蔡元培的倡导下，各类读书团体纷纷涌现，北大学

生开始频繁出入图书馆，自发开展阅读生活，校园中逐渐形成浓郁的读书氛围。

当代高校应当借鉴民国时期北京大学的办学经验，努力在校园中培育良好的阅读风气，使大学生热爱阅读、享受阅读并且坚持长期阅读，让书香溢满校园。

首先，高校要成立读书社团和举办丰富多彩的阅读活动。借鉴民国时期北京大学的经验，当代高校应当鼓励学生创办不同类型的读书社团，如国学社、散文社、小说社等，将具有相同旨趣的学生组织到一起，由社团成员共同选取阅读书目、制定阅读计划，并定期见面交流。交流分享时，学生可以邀请相应教师旁听并给予意见，学校可以为其邀请名家对社团活动进行指导，以便提高学生的阅读效率和质量。此外，高校还可以围绕世界读书日设立学校的读书周、读书月，并在此期间开展一系列读书活动，如经典诵读活动、阅读知识竞赛、诗词大会等。高校还可以定期选举书香班级和书香宿舍，促使更多的学生积极主动地投身于阅读活动。成立读书社团和举办阅读活动，一方面丰富了大学生的课余生活，使“琅琅读书声”充满大学校园；另一方面有利于巩固大学生的阅读行为，对其从阅读生活中构建自身的精神空间有所裨益。

其次，高校要充分利用网络新媒体的优势。在互联网时代，高校可以通过新媒体传播形式，如微信公众号、微博等平台向学生推送有深度、值得阅读的文章或书籍，附以简单的内容介绍和书评，使学生能在短时间内有所了解，再根据自己爱好决定是否阅读。高校还可以创建网络互动平台，使师生之间或学生之间可以在线上就一本书或一篇文章进行讨论交流。线上互动不仅可以促进校园阅读风气的形成，还可以拉近不同专业的学生之间的距离，使学生在交流中得以成长。此外，还可以在网络互动平台上开设“以书易书”活动专栏，学生可以在此专栏内发布信息，标明自己可供出借的以及自己感兴趣的书籍。大学生之间借助网络平台互相借阅书籍，可实现书籍使用价值的最大化，在校园中形成浓厚的阅读氛围。

最后，高校要为学生制定读书计划，并逐步将阅读纳入培养方案。高校各院系应根据专业设置和课程体系为学生制定每学期的读书计划，督促学生按时完成阅读任务。导师可以定期举办师生读书心得交流会，以此监督学生的执行情况，并为学生提供一定帮助，解决其在阅读过程中遇到的问题。每至学期末，对于阅读任务完成较好的学生，可给予适当的奖励，从而激发学生们的阅读热情。此外，高校应当逐步将阅读纳入学生培养方案，实行学分制管理，获得阅读学分的学生才能准予毕业。高校可以根据不同专业、不同阶段的学生的具体情况，设计出不同的阅读任务和指标要求，制定配套的阅读评价体系。高校还可以开设阅读课程，学生须通过期末考核取得阅读学分。推动学生开展阅读活动、建设书香校园不可能一蹴而就，但这对于学生精神空间的建构极为重要，因此高校需要为此进行长期的努力。

（三）全方位打造图书馆，提供便捷借阅服务

北京大学图书馆在藏书楼时期就已经具备一定的馆藏基

础，蔡元培任校长后，极为重视北大图书馆的建设，他筹集款项，为图书馆添购新书，还聘请李大钊先生任图书馆主任。李大钊认为，教师列参考书目作为学生课下阅读的材料，这种教授方法需要完备的图书馆与之相配，否则决不能发生效果。〔1〕在他的主持下，北大图书馆藏书进一步增多。“五四运动”后，李大钊为进一步传播马克思主义学说，也为满足众多学生学习马克思主义的需要，从国内外大量订购马克思主义书籍。据《北京大学日刊》1922年6月22日所载，图书室已搜集到马克思主义英文书籍四十余种，中文书籍二十余种。〔2〕1931年曾昭抡受邀到北京大学化学系任教授兼系主任。他认为，图书资料是科学研究必不可少的“先行官”，到校后，他亲自选定书刊目录，大量订购英、美、德等先进国家的化学类图书和期刊，为化学系学生从事科学研究工作提供了必要的资料基础。

民国时期北大图书馆丰富的藏书吸引了大量学生前去阅读学习，阅览室常人满之患。李大钊为满足广大学生的阅读需要，遂开辟了各系的阅览室，还将各系常用的书刊分门别类地放置在各系的阅览室中，以备学生阅读。这样一来，既避免了图书馆过于拥挤的现象，也使学生查阅书籍更加便捷。邓广铭评价北大图书馆为方便之至。据他回忆，学生自己带来或者借阅的书，可以摊在他所占用的阅览桌上，出去吃饭

---

〔1〕 杜家贵主编：《北大红楼：永远的丰碑（1898—1952）》，社会科学文献出版社2012年版，第516页。

〔2〕 杜家贵主编：《北大红楼：永远的丰碑（1898—1952）》，社会科学文献出版社2012年版，第519页。

的时候可以不收拾，回来接着看。阅览室并不闭门，因而也从无在中午或下午下班时高声驱赶读者的事件。〔1〕任继愈回忆北大图书馆时还提到，历史系学生陶元珍经常把《张太岳集》放在中文阅览室，旁边摆着剪刀和浆糊，他后来成了研究张居正的专家。〔2〕

为更好地服务读者，北京大学在《北京大学周刊》上开办了《图书馆副刊》，刊载新书目录、图书馆知识、图书利用指南等，深受学生欢迎。还通过《北京大学日刊》发布征求读者意见的启示，对于学生想利用假期阅览书籍而提出的延长开馆时间的请求，李大钊本着“为尊重诸君好学之意向起见”〔3〕，予行方便。

从民国时期北京大学的经验中可以看出，图书馆丰富的馆藏是吸引学生前来阅读的基础，舒适的环境以及便捷的借阅服务则可以留住学生，促使其长期进行阅读。图书馆不再是仅用于藏书的地方，它作为“第二课堂”，可以培养学生自主学习和研究的能力，含有教育的性质，是学生的精神家园。只有学生自发地进行阅读活动，才可能从阅读过程中汲取充分的精神养料，进而建构自身的精神空间。

图书馆在学生的阅读生活中扮演着重要角色，当代高校应当高度重视图书馆的教育功能，全方位打造图书馆，利用

〔1〕 陈平原、夏晓虹编:《北大旧事》（第3版），北京大学出版社2018年版，第407页。

〔2〕 陈平原、夏晓虹编:《北大旧事》（第3版），北京大学出版社2018年版，第412~413页。

〔3〕 杜家贵主编:《北大红楼：永远的丰碑（1898—1952）》，社会科学文献出版社2012年版，第516页。

互联网新媒体等平台，为学生提供更加舒适的阅读环境和便捷的借阅服务，以吸引学生充分利用图书馆开展阅读生活。首先，高校要完善图书馆馆藏资源建设。图书馆的藏书建设既要注重数量，也要保证质量，进购不同种类的书刊以满足学生日益增长的文化生活需要。其次，为学生提供便捷的阅读服务。高校可以利用新媒体传播形式，如微信公众号，建设电子图书馆，打造“资源检索”“座位预约”“好书推荐”等模块。“资源检索”可以帮助学生更高效地查找书籍，“座位预约”有助于规范学生对阅览室的合理使用，“好书推荐”能够在学生选择读物时提供一定的引导。最后，重视学生的合理意见。高校图书馆最大的受众是学生，提供阅读服务应当听取学生的合理意见，并加以改善，从而促进学生顺利开展阅读生活。

图书馆是大学生开展阅读生活、获取精神养料的重要场所，高校应当重视对图书馆的建设工作，全方位打造图书馆，为学生的阅读活动提供必要的保障，使之成为学生成长路上的“加油站”。

二、学生方面

作为新时代的大学生，要懂得珍惜时光，努力充实自己。在课余时间，应当积极主动地开展阅读活动，并通过阅读生活进行自我教育，从文化知识、思维能力、爱国情感、道德情操、审美情趣等方面构建自身的精神空间。

（一）漫步书海，累积文化知识

书籍是全人类的营养品。民国时期的北大学生，利用课余时间，通过阅读不同类别的书刊，广泛吸取各种知识，扩充了自身的知识空间。历史系学生何兹全，一得空便会去图书馆看书，还常去书摊淘书。他的阅读范围很广，如《资治通鉴》等史学书、《大藏经》等佛学书、《资本论》等社会科学书籍，还会读一些英文小说。中文系学生张中行曾在思索一个问题时感到强烈的惶恐，他发觉自己的基础知识不够牢固，因而无法解决眼前的困惑。为尽早拨开云雾见天日，他选择的方法是读书。张中行在大学期间通过博览古籍积累了大量的中国旧史知识，他曾说，这些知识，“轻而言之是资料，可备以后的不时之需；重而言之是借此明白一些事”〔1〕。即便是专心钻研本专业知识，阅读的范围仍是不小的。顾颉刚曾提到，教授中国哲学史的陈汉章先生曾给学生提供无数材料，扩宽了他们的学术视野，使他们明白研究一种学问要参考大量的书刊。〔2〕

从民国时期北大学生的阅读生活中可以看出，丰富的学识必然源自日常阅读中广泛的积累。北大学生在选择读物时，不拘泥于古今或是中外，通过博览群书积累文化知识，为其日后的创作和研究打下坚实基础。北京大学李四光教授曾告诉学生，“世界是一个整的，各部彼此都有密切的关系，我们硬把它分做若干部，是权宜的办法。”〔3〕知识都是相通的，但只有在积累到一定程度时，才能实现知识的汇通，成为具

〔1〕 韩小蕙、靳飞主编：《张中行精品欣赏》，中国和平出版社 1998 年版，第 212 页。

〔2〕 刘俐娜编：《顾颉刚自述》，河南人民出版社 2005 年版，第 69 页。

〔3〕 杜家贵主编：《北大红楼：永远的丰碑（1898—1952）》，社会科学文献出版社 2012 年版，第 266 页。

有广博知识的人。

新时代的大学生在学习动机方面呈现出功利主义的倾向，这必然会影响他们的阅读行为，如只阅读所学专业相关书籍，或是只为通过期末考试、考取各种资格证书而读书。这种阅读行为只能使学生在短时间内获得有限的知识，不利于大学生知识空间的构建，更不利于大学生的全面发展。当代大学生应当自发进行课外阅读，并且长期坚持，通过博览群书，使自己成为“通才”。如文科学生可以通过阅读自然科学类书籍提高自己的逻辑思维能力；理工科学生可以通过阅读人文社科类书籍培养自己的人文情怀。新时代的大学生，不仅要认真学好专业课，还需要合理规划课余时间，充分利用校图书馆、互联网媒体等资源，扩大自己的阅读面，接触不同的知识领域，通过不断积累，达到各种文化知识融会贯通的境界，构建起自身的知识体系，提升个人文化素养。

（二）读书育己，培养思维能力

对于个人而言，思维能力极其重要。它通常体现在认识问题和解决问题的过程中，影响人的方方面面。民国时期的北大学生，通过阅读生活培育了理性思维，使得其不论在学习还是生活中，都能以审慎的态度面对问题，并积极主动地思考问题。新时代的大学生应当借鉴这一经验，通过阅读培养自身的思维能力。

在中国，基于应试教育下的“重接受、轻思考”的学习方式在一定程度上影响了学生思维能力的发展，他们习惯被动地接受知识，较为缺乏质疑精神与独立思考的能力，这不利于大学生的长远发展。如大学生陷入传销组织的新闻屡见不鲜，即是缺乏独立思考和判断能力的体现。在信息化社会的今天，信息量、知识量与日俱增，大学生如何在纷繁复杂的知识和信息中鉴别真伪、做出正确的判断与选择，显得尤为重要。因此，大学生要注重培养自身的批判性思维能力。

中国古代先哲的思想中蕴含着丰富的批判性思维，当代大学生可以在阅读先人的著作中培养自身的批判性思维。如《中庸》里提出："博学之，审问之，慎思之，明辨之，笃行之。"[1]其中"审问""慎思""明辨"即是批判性思维的体现，告诫大学生不仅要广博地学习，还要认真地询问、慎重地思考、明确地辨别。南宋哲学家陆九渊在《语录下》中提出："为学患无疑，疑则有进"，明代学者陈献章也曾说过："学贵有疑。小疑则小进，大疑则大进。"[2]这些都告诉我们，在学习过程中要有质疑精神。《孟子·尽心下》中提到："尽信书，则不如无书"，告诫大学生不能唯书本是从，要善于独立地思考问题。

此外，当代大学生还应当注重在阅读过程中培养自身的逻辑思维能力。逻辑思维能力对大学生的长远发展至关重要，它不仅影响大学生的语言组织和表达能力，还影响大学生分析和解决问题的能力。大学生可以通过阅读专门论述逻辑思维的书籍，学习逻辑学相关知识，还可以阅读一些适合精读的书籍，如传统经典著作、前沿理论著作，在阅读过程中关注作者论证和表达的方式，研究作者行文的脉络，从而提升

---

〔1〕《中庸·右第十九章》。

〔2〕《陈献章集》，孙通海点校，中华书局 1987 年版，第 16 页。

自身的逻辑思维能力。

培养思维能力，是提高大学生综合素质的基础。在阅读过程中培养的批判性思维，有助于大学生形成良好的思维范式，使其在日常学习和生活中不迷信权威，敢于质疑与批判，发现问题并积极主动地思考问题。在阅读过程中培养的逻辑思维，有助于大学生在与别人交流时，条理清晰地表达自己的观点，还有助于大学生合理运用其掌握的知识分析问题，从而创造性地解决问题。

（三）品读红色经典，激发爱国情感

爱国主义是对祖国的一种最深厚的情感，在不同的历史时期具有不同的内涵和表现，但归根结底，是对祖国的一种积极和支持的态度，是对本民族文化的归属感、认同感、尊严感与荣辱感的统一，集中表现为民族自尊心和民族自信心，为保卫祖国和争取祖国的独立富强而献身的奋斗精神。民国时期的北大学生，通过阅读历史书籍，了解到中国在帝国主义列强的侵略下一步步沦为半殖民地半封建社会的历史，他们也看到无数爱国志士在救国救民过程中的奋勇与牺牲，由此激发了他们的爱国情感。北大学生面对危机深重的祖国，他们的爱国情感逐步外显，从“五四运动”开始，其后的许多爱国运动都留下了北大学生的身影。

随着我国改革开放事业的不断发展，西方各种思潮涌入我国，如“无政府主义”“历史虚无主义”等，这些不当思想容易导致当代部分大学生爱国主义意识略显淡薄，对本民族历史文化认识不到位，不利于新时代中国特色社会主义建

设。基于这一现实问题，2019 年 4 月 30 日，习近平总书记在纪念五四运动 100 周年大会上，对广大青年提出了殷切的期望，习近平总书记表示，新时代中国青年，应该“胸怀忧国忧民之心、爱国爱民之情”，“让爱国主义的伟大旗帜始终在心中高高飘扬”。〔1〕

作为新时代的大学生，应当借鉴民国时期北大学生的经验，从阅读中激发爱国情感。除了在课上学习历史，还应该在课下自发阅读红色经典著作。红色经典著作，是集历史、政治、文化和教育于一身的文学作品，记载了中国共产党百折不挠的成长史和我国人民自强不息的奋斗史，证实了走中国特色社会主义道路的必然性，具有重要的教育作用。当代大学生通过大量阅读红色经典著作，可以了解党和国家波澜壮阔的历史征程，接受革命先烈英勇事迹的感染，激发他们内心深处的爱国情感，增强他们对于中华民族历史与文化的归属感，方能立报国之志、践报国之行，成栋梁之材。

（四）研读传统典籍，陶冶道德情操

大学生不仅要努力学习科学文化知识，还要注重修炼个人的道德品质，才能成为德才兼备的人。在诗人但丁看来，人如果没有道德则与走兽无异。这句话清晰地点明了道德对于人的重要性。道德情操是一种重要的精神力量，可以支撑、调节人的道德行为。民国时期北大学生在阅读过程中形成了勤勉努力、正直无私、仁爱友善等道德品质，对当代大学生

〔1〕 习近平：《在纪念五四运动 100 周年大会上的讲话》，载《人民日报》2019 年 5 月 1 日。

的阅读生活有借鉴意义。

在市场经济充分发展的条件下，当代大学生的竞争意识逐渐增强，高校校园中存在利己主义、攀比之风，部分大学生的道德观念也不够强烈。当代大学生处于信息高度发达的时代，互联网作为大学生获取信息的工具，不可避免地接触到负面的内容。网络上形形色色的网站、交杂在一起的各色文化，使涉世未深的大学生自觉或不自觉地受到影响，不利于其道德情操的培养。新时代的大学生应该努力成为有理想、有道德、有文化、有纪律的中国特色社会主义新人，其中“有道德”可以通过阅读传统典籍来实现。

中华民族历史源远流长，中华传统文化博大精深。传统文献典籍是中华传统文化的重要载体，正如国家图书馆馆长韩永进所说：“中国的传统典籍，镌刻着中华民族的精神与灵魂，是先辈留给我们的宝贵精神财富。”[1]作为新时代的大学生，肩负建设中国特色社会主义、实现中华民族伟大复兴的重任，应当通过阅读传统典籍，汲取先人的优秀思想成果，陶冶自身的道德情操。在阅读传统典籍的过程中，书中蕴涵的道德观念潜移默化地成为大学生内在的价值取向，促使大学生成长为品德高尚的人。如《周易》“天行健，君子以自强不息”，激发大学生奋发图强的精神；《道德经》“上善若水，水利万物而不争”，教育大学生以宽厚待人；《孟子》“老吾老以及人之老，幼吾幼以及人之幼”，培养大学生尊老爱幼的美德；《论语》“人而无信，不知其可也”，告诫

---

〔1〕 韩永进：《文化自信 文化自觉 文化强国——典籍文献的魅力与力量》，载《文化软实力研究》2018 年第 6 期。

大学生为人处世要讲信用。

阅读传统经典可以滋润大学生的心灵，净化大学生的精神，促使其自觉抵制不良风气以及不正确的价值观的影响，是当代大学生陶冶道德情操的重要途径。大学生在阅读传统经典的过程中认知道德，进而内化道德，即是构建个人的价值空间。

（五）鉴赏诗词散文，提升审美情趣

根据心理学家马斯洛的需要层次理论，人的需要可以分成生理需要、安全需要、归属与爱的需要、尊重的需要、自我实现的需要五个层次。他还将自我实现的需要进一步分为知的需要、审美需要和自我实现的需要。审美需要在人的整个需要层次中属于高级需要，是一种精神性的需要。审美需要的满足，是个体自我实现的必然路径。民国时期的北大学生通过阅读生活满足自身审美需要，他们在阅读过程中感悟美、领悟美，不仅提升了个人的审美情趣，还培育了创造美的能力。顾颉刚既浅显易懂又富于感情的文风，是在阅读梁启超的文章过程中逐渐形成的。徐志摩的审美观受到庄子《逍遥游》的影响，使得他在创作文学作品时多以自然为美。朱自清喜爱读古诗，并将古人寓情于景的风格融入自己的散文作品中。在中国传统文化的熏陶下，康白情的诗作大多具有现实主义特色。

从民国时期北大学生的经验中可以看出，人的审美情趣并不是与生俱来的，而是在审美实践过程中逐步形成起来的。阅读能够提升学生的审美情趣，提高观察力、想象力、创造

力等。

当前，我国人民日益增长的美好生活需要必然包含着对审美的追求。但是，新时代的大学生是伴随着互联网的发展成长起来的，网络中低俗、肤浅的内容会影响大学生的审美素养，不利于大学生的健康发展。因此，提升大学生的审美素养，使之成为德智体美劳全面发展的社会主义建设者和接班人势在必行。

具备健康的审美情趣是提升审美素养的前提。新时代的大学生，可以借鉴民国时期北大学生的经验，通过阅读诗词散文等文学作品提升审美情趣。习近平总书记曾表示很不希望把古代经典的诗词和散文从课本中去掉。何以故？诗词和散文对学生提高鉴赏能力、提升审美情趣具有重要作用。诗词是阐述心灵的文学艺术，一般都具有充沛的情感以及丰富的意象，通过精练的语言与和谐的音韵表现出来。不论阅读旧体诗词还是新诗，都能激发大学生的想象力和创造力，既可以提升学生的文学素养，还可以培育其健康的审美情趣。散文具有形散神聚、意境深邃、语言优美等特点，素有“美文”之称。大学生多阅读优秀的散文，其形式自由、情感真挚的审美特点，不仅可以促使学生丰富知识、开阔眼界，更重要的是理解作者的表现手法、领悟其中蕴涵的思想感情，从而提升自身的审美情趣。

总之，大学生通过鉴赏诗词散文等文学作品，在形式上感悟外在美，从字里行间品味内在美，即是进行自我审美教育的过程，从而使大学生成为具有健康审美情趣的个体，建构起自身的审美空间。

综上所述，我们不难发现，阅读生活之于构建大学生的精神空间具有独特作用。民国时期北大学生利用课余时间开展阅读生活，在阅读过程中从知识、思维、情感、价值、审美等方面塑造了自身的精神空间。他们博览群书，在巩固所学专业知识的同时，还学习不同领域的知识，从而提高了个人文化素养。他们热心时事，经常阅读进步报刊，认真研读马克思主义书籍，从而培育了理性思维。他们在阅读诗词、散文等文学作品时，丰富了自身的情感体验，并通过阅读历史著作、进步刊物等激发出爱国情感。他们在阅读过程中形成了勤勉努力、吃苦耐劳、正直无私、严谨认真等道德品质，塑造了个人的价值空间。他们在阅读过程中感受美、领悟美，进而提升了自身的审美素养。

观照当下，大学生处于竞争激烈的信息化社会，他们表现出来的学习上的功利化倾向以及生活上的部分不良风气亟待解决，他们鉴别信息、抵制错误思想侵蚀的能力有待提高。人才是兴国之本，大学生作为国家重要的人才资源，其精神空间的建构不论对个人还是国家而言都具有重要作用。因此，民国时期北大学生通过阅读生活构建精神空间的历史经验，对当代高校和大学生具有重要借鉴意义。

借鉴民国时期北大学生阅读生活的经验，有助于当代高校促进学生开展阅读活动，如培养学生阅读兴趣，在校园中营造良好的阅读风气，完善院校图书馆建设等。新时代的大学生也能从民国时期北大学生的阅读生活中汲取经验，有助于他们在阅读中完善自我，从文化知识、思维能力、道德情操、爱国情感、审美情趣等方面构建自身的精神空间。当然，推动大学生在课余时间开展阅读不可能一蹴而就，还需要各高校在借鉴相关经验的基础上，结合自身实际情况，逐步改革与完善，从而为新时代中国特色社会主义事业培养更多的优秀人才。

结 语

通过前面的考察，我们可以清楚地看到，民国时期的清华大学、西南联大、北京大学等高校当中最为常见的课堂教学、师生课外的游谈、学生的阅读生活等，对学子精神生活的丰富，都起到了重要作用。这些著名学府之所以造就了无数的“精神贵族”，这些学校的无数学子在回望自己的学生生涯时，之所以无一例外地把母校称为“自己永远的精神家园”，都与这一点关系至密。

不过，在塑造学生的精神生活上，这三类生活不是平均地发挥作用的，而是各有其主要的着力点。课堂教学对学生精神生活的塑造主要体现在对学生智性生活的展开方式、空间拓展的影响上。师生课外的游谈、学生的阅读生活相对来说较为接近，它们都对学生精神生活产生了综合性塑造作用。细微的不同之处在于，师生课外的游谈影响的维度稍微狭小一些，只是涉及对智性生活与价值形成的影响，而学生的阅读生活影响的面向甚为开阔，影响涉及学生精神生活的智性、价值、情感等多重维度。

尽管这三类生活对学生精神生活的塑造不是均质地发挥作用，但是，它们相互辅助，综合发挥作用，对学生精神生活的丰富产生了整体性的、至关重要的影响，是确凿无疑的。

在这里需要特别指出的是，无论是师生互动性质的课堂教学、师生课外的游谈，还是学生独立操持的阅读生活，它们对学生精神生活的塑造都不是任意的，而是有条件的。这一共同的条件便是：师生共同拥有的爱国情怀。

民国时期，正是祖国内忧外患丛集之际。大学教师对国家处于危亡的现实痛彻心扉，急欲通过知识的传递、文化的传承，扶大厦之将倾。大学中的学子面对风雨飘摇中的祖国，也是愁肠百结，意欲通过学习知识、创新文化，实现挽救祖国危亡的宏愿。于是，不论在课堂教学中，还是在课外的师生游谈中，教师诲人不倦，学生虔心受教。教师最大限度地影响学生的知识结构、智性方式、智性观念，使学生形成生命与学术合一的人格，均得以成为可能。在学生的阅读生活中，救国的宏愿也成为他们孜孜不倦、潜心书海的最大动力。在阅读中苦苦探寻救国良方的精神劳作中，他们的思维空间得以拓展，情感得以升华，超越个人利害的价值观得以稳固。

上述经验告诉我们，在当代大学，要想使莘莘学子拥有丰富的精神生活，使他们不仅在大学中“活过”，还真正在大学中享受过“精神的盛宴”，那就需要我们对大学中的课堂教学、师生课外的游谈、学生的阅读生活等进行整体性关注，关注它们对学生精神生活的良性塑造在功能上如何区隔、如何实现相互辅助，并思考应该创造哪些条件实现它。无论是大学的顶层设计，还是具体举措的执行，都应该渗透这一点。

如果能够做到这些，我们可以预见，当代的大学生，也会像民国时期的清华大学、西南联大、北京大学的莘莘学子一样，不期然地拥有异常丰富且高品质的精神生活。在他们回首自己的大学岁月时，才会发自内心地说，我们的大学，真正是不能忘怀的“永远的精神家园”。无论何时何地，它给予我们的精神滋养，始终是困顿中前进的动力，遭遇障碍时扫清道路的利器，痛苦时必不可少的慰藉。果能如此，必是中国大学之幸、民族国家之幸！

参考文献

一、著作

1. 柳雨生:《怀乡记》，太平书局 1944 年版。
2. 钱穆:《国史大纲》，商务印书馆 1948 年版。
3. 陈真等合编:《中国近代工业史资料》（第 2 辑），生活 · 读书 · 新知三联书店 1958 年版。
4. 《马克思恩格斯全集》（第 3 卷），人民出版社 1960 年版。
5. 张国焘:《我的回忆》（第 1 册），现代史料编刊社 1980 年版。
6. 闻一多纪念文集编委会:《闻一多纪念文集》，生活 · 读书 · 新知三联书店 1980 年版。
7. 陈寅恪:《金明馆丛稿二编》，上海古籍出版社 1980 年版。
8. 萧超然主编:《北京大学校史（1989—1949）》，上海教育出版社 1981 年版。
9. 清华大学校史编写组编著:《清华大学校史稿》，中华书局 1981 年版。
10. 钟叔河、朱纯编:《过去的学校（回忆录）》，湖南教育出版社 1982 年版。
11. 侯成言编著:《茅盾》，黑龙江人民出版社 1982 年版。
12. 于素云等编著:《中国近代经济史》，辽宁人民出版社 1983 年版。
13. 方秀编:《京华人物》，广州人民出版社 1983 年版。

14. ［苏］B. A. 苏霍姆林斯基:《给教师的建议》，杜殿坤编译，教育科学出版社 1984 年版。

15. 夏鼐、苏双碧等:《吴晗的学术生涯》，浙江人民出版社 1984 年版。

16. 冯资荣、薛豪卓:《邓中夏青少年时代的故事》，贵州人民出版社 1985 年版。

17. 闻一多:《闻一多书信选集》，人民文学出版社 1986 年版。

18. （宋）朱熹集注:《四书集注》，岳麓书社 1986 年版。

19. 杜运燮等编:《丰富和丰富的痛苦——穆旦逝世 20 周年纪念文集》，北京师范大学出版社 1997 年版。

20. 《陈献章集》，孙通海点校，中华书局 1987 年版。

21. 郭良夫编:《完美的人格：朱自清的治学和为人》，生活 · 读书 · 新知三联书店 1987 年版。

22. 西南联合大学北京校友会编:《笳吹弦诵情弥切——国立西南联合大学五十周年纪念文集》，中国文史出版社 1988 年版。

23. 云南省政协文史资料研究委员会等合编:《云南文史资料选辑》（第 34 辑），云南人民出版社 1988 年版。

24. 李华兴:《中国近代思想史》，浙江人民出版社 1988 年版。

25. 冯友兰:《三松堂自序》，生活 · 读书 · 新知三联书店 1984 年版。

26. 《王瑶先生纪念集》编辑小组编:《王瑶先生纪念集》，天津人民出版社 1990 年版。

27. 顾迈南:《炎黄之光》，新华出版社 1991 年版。

28. 陆仰渊、方庆秋主编:《民国社会经济史》，中国经济出版社 1991 年版。

29. 中国人民政治协商会议江苏省无锡县委员会编:《钱穆纪念文集》，上海人民出版社 1992 年版。

30. 王邵军:《生命在沉思——冯至》，花山文艺出版社 1992 年版。

31. 清华大学校史研究室编:《清华人物志》（二），清华大学出版社

1992 年版。
32. 爱默：《钱钟书传稿》，百花文艺出版社 1992 年版。
33. 闻黎明：《闻一多传》，人民出版社 1992 年版。
34. 沈善洪主编：《蔡元培选集》，浙江教育出版社 1993 年版。
35. 《朱德熙先生纪念文集》编辑小组编：《朱德熙先生纪念文集》，语文出版社 1993 年版。
36. 李光谟编：《李济与清华》，清华大学出版社 1994 年版。
37. 金林祥：《蔡元培教育思想研究》，辽宁教育出版社 1994 年版。
38. 周鸿、吴玉：《绿色的开拓者——中国著名植物学家吴征镒》，科学普及出版社 1994 年版。
39. 孙党伯、袁謇正主编：《闻一多全集》（第 12 卷），湖北人民出版社 1993 年版。
40. 黄书光：《胡适教育思想研究》，辽宁教育出版社 1994 年版。
41. 黄延复：《梅贻琦教育思想研究》，辽宁教育出版社 1994 年版。
42. 清华大学校史研究室：《清华大学史料选编》（第 3 卷），清华大学出版社 1994 年版 .
43. 隗瀛涛：《教育之梦——蔡元培传》，四川人民出版社 1995 年版。
44. 刘培育主编：《金岳霖的回忆与回忆金岳霖》，四川教育出版社 1995 年版。
45. 黄延复、马相武：《梅贻琦与清华大学》，山西教育出版社 1995 年版。
46. 西南联合大学北京校友会编：《国立西南联合大学校史——一九三七至一九四六年的北大、清华、南开》，北京大学出版社 1996 年版。
47. 编委会编：《周培源》，中国和平出版社 1996 年版。
48. 茅盾：《茅盾自传》，江苏文艺出版社 1996 年版。
49. 吴定宇：《学人魂：陈寅恪传》，上海文艺出版社 1996 年版。
50. 季羡林：《怀旧集》，北京大学出版社 1996 年版。

51. 姜建、吴为公:《朱自清年谱》，安徽教育出版社 1996 年版。
52. 李华兴主编:《民国教育史》，上海教育出版社 1997 年版。
53. 陈平原、郑勇编:《追忆蔡元培》，中国广播电视出版社 1997 年版。
54. 《俞平伯全集》(第 3 卷)，花山文艺出版社 1997 年版。
55. 钱理群:《世纪末的沉思》，河北人民出版社 1997 年版。
56. 璩鑫圭、童富勇编:《中国近代教育史资料汇编》，上海教育出版 1997 年版。
57. 北京大学校刊编辑部编:《精神的魅力》，北京大学出版社 1998 年版。
58. 汤一介编:《北大校长与中国文化》，北京大学出版社 1998 年版。
59. 杨振东、杨存泉编:《杨振宁谈读书治学》，暨南大学出版社 1998 年版。
60. 吴宓著，吴学昭整理注释:《吴宓日记》(第 1 册)，生活·读书·新知三联书店 1998 年版。
61. 吴宓著，吴学昭整理注释:《吴宓日记》(第 7 册)，生活·读书·新知三联书店 1998 年版。
62. 张世英:《北窗呓语——张世英随笔》，东方出版社 1998 年版。
63. 韩小蕙、靳飞主编:《张中行精品欣赏》，中国和平出版社 1998 年版。
64. 牧洲、牧小编:《北大故事：名人眼中的老北大》，中国物价出版社 1998 年版。
65. 钱穆:《八十忆双亲·师友杂忆》，生活·读书·新知三联书店 1998 年版。
66. 聂冷:《吴有训传》，中国青年出版社 1998 年版。
67. 黄延复:《清华逸事》，辽海出版社 1998 年版。
68. 葛兆光选编:《学术薪火：三十年代清华大学人文社会学科毕业生论文选》，湖南教育出版社 1998 年版。

69. 蔡元培：《蔡孑民先生言行录》，山东人民出版社 1998 年版。
70. 李宏主编：《北大逸事》，辽海出版社 1999 年版。
71. 夏晓虹编：《季镇淮先生纪念集》，北京大学出版社 1999 年版。
72. 文集编撰委员会：《一代宗师——曾昭抡百年诞辰纪念文集》，北京大学出版社 1999 年版。
73. 何兹全著，潘雯瑾整理：《何兹全学述》，浙江人民出版社 2000 年版。
74. 中国社会科学院哲学研究所逻辑室编：《摹物求比：沈有鼎及其治学之路》，社会科学文献出版社 2000 年版。
75. 陈平原：《北大精神及其他》，上海文艺出版社 2000 年版。
76. 赵瑞蕻：《离乱弦歌忆旧游——从西南联大到金色的晚秋》，文汇出版社 2000 年版。
77. 蔡仲德：《冯友兰先生年谱初编》，河南人民出版社 2001 年版。
78. 齐家莹编著：《清华人物》，作家出版社 2001 年版。
79. 清华大学校史研究室编：《清华大学九十年》，清华大学出版社 2001 年版。
80. 西南联大北京校友会编：《庆祝西南联合大学成立 65 周年纪念特辑》，2002 年 10 月。
81. 李可亭：《钱玄同传》，河南大学出版社 2002 年版。
82. 广东省东莞市政协主编：《张荫麟先生纪念文集》，汉语大词典出版社 2002 年版。
83. ［古希腊］亚里士多德：《尼各马可伦理学》，廖申白译注，商务印书馆 2003 年版。
84. 陈友康、罗家湘：《20 世纪云南人文科学学术史稿》，云南人民出版社 2003 年版。
85. 肖东发等主编：《风骨：从京师大学堂到老北大》，北京图书馆出版社 2003 年版。

86. 杨东平主编:《大学精神》，文汇出版社 2003 年版。
87. 肖东发、陈光中主编:《风范：北大名人寓所及轶事》，北京图书馆出版社 2004 年版。
88. 张奠宙、王善平:《陈省身传》，南开大学出版社 2004 年版。
89. 郑敏:《思维 · 文化 · 诗学》，河南人民出版社 2004 年版。
90. 田亮:《抗战时期史学研究》，人民出版社 2005 年版。
91. 何炳棣:《读史阅世六十年》，广西师范大学出版社 2005 年版。
92. 刘俐娜编:《顾颉刚自述》，河南人民出版社 2005 年版。
93. 林庚:《林庚诗文集》（第 9 卷），清华大学出版社 2005 年版。
94. 贺麟:《文化与人生》，商务印书馆 2005 年版。
95. 龚书铎:《社会变革与文化趋向：中国近代文化研究》，北京师范大学出版社 2005 年版。
96. 吕文浩:《潘光旦图传》，湖北人民出版社 2006 年版。
97. 何兆武口述，文靖撰写:《上学记》，生活 · 读书 · 新知三联书店 2006 年版。
98. 张中行:《北大忆旧》，远方出版社 2006 年版。
99. 罗荣渠:《北大岁月》，商务印书馆 2006 年版。
100. 郭建荣、杨慕学编著:《北大的学子们》，中国经济出版社 2006 年版。
101. 钱理群、严瑞芳主编:《我的父辈与北京大学》，北京大学出版社 2006 年版。
102. 黄延复:《清华传统精神》，清华大学出版社 2006 年版。
103. 王余光等:《中国阅读文化史论》，北京图书馆出版社 2007 年版。
104. 孙郁、刘德水主编:《说梦楼里张中行》，中国工人出版社 2007 年版。
105. 李洪岩:《钱钟书与近代学人》，百花文艺出版社 2007 年版。
106. 汪曾祺:《无事此静坐》，辽宁人民出版社 2007 年版。

107. 张曼菱：《西南联大人物访谈录》，云南教育出版社 2007 年版。
108. [日] 吉川幸次郎：《我的留学记》，钱婉约译，中华书局 2008 年版。
109. 张世英：《归途：我的哲学生涯》，人民出版社 2008 年版。
110. 周作人：《知堂回想录》，安徽教育出版社 2008 年版。
111. 赵为民主编：《北大之精神》，世界图书出版公司北京公司 2008 年版。
112. 王坤庆：《精神与教育：一种教育哲学视角的当代教育反思与建构》，华中师范大学出版社 2009 年版。
113. 民国文林编著：《细说民国大文人——那些思想大师们》，现代出版社 2010 年版。
114. 刘绪贻口述，余坦坦整理：《箫声剑影：刘绪贻口述自传》，广西师范大学出版社 2010 年版。
115. 民国文林编著：《民国范儿：是真名士自风流》，现代出版社 2011 年版。
116. 欧阳悟道编著：《民国那些范儿》，中国华侨出版社 2011 年版。
117. 杜家贵主编：《北大红楼：永远的丰碑（1898—1952）》，社会科学文献出版社 2012 年版。
118. 朱永新：《我的阅读观》，中国人民大学出版社 2012 年版。
119. 全国政协文史和学习委员会编：《所忆：张申府回忆录》，中国文史出版社 2012 年版。
120. 李埏、李伯重：《良史与良师：学生眼中的八位著名学者》，清华大学出版社 2012 年版。
121. 严中平等编：《中国近代经济史统计资料选辑》，中国社会科学出版社 2012 年版。
122. 约之编著：《先生的课堂》，光明日报出版社 2013 年版。
123. 张曼菱：《西南联大行思录》，生活 · 读书 · 新知三联书店 2013

年版。
124. 宗璞、熊秉明主编：《永远的清华园》，北京大学出版社 2013 年版。
125. 罗庸讲述，郑临川记录：《罗庸西南联大授课录》，北京出版集团公司、北京出版社 2014 年版。
126. 闻一多讲述，郑临川记录：《闻一多西南联大授课录》，北京出版集团公司、北京出版社 2014 年版。
127. 徐复观：《无惭尺布裹头归・交往集》，九州出版社 2014 年版。
128. 谭梅等：《中国现代新诗抒情方式研究——以林庚、穆旦为中心》，四川大学出版社 2014 年版。
129. 潘光旦：《自由之路》，群言出版社 2014 年版。
130. 民革中央宣传部编：《王昆仑与太湖别墅》，团结出版社 2015 年版。
131. 李娟娟：《汤一介传》（增订版），新华出版社 2015 年版。
132. 吴丕、刘镇杰编著：《北大精神》，现代出版社 2015 年版。
133. 张中行：《临渊而不羡鱼：张中行散文》，浙江文艺出版社 2015 年版。
134. 浦薛凤：《音容宛在》，商务印书馆 2015 年版。
135. 谢一彪：《范文澜传》（上卷），中国社会科学出版社 2015 年版。
136. 汪曾祺：《生活，是很好玩的》，江西人民出版社 2016 年版。
137. 《老北大》：编辑组编《老北大》，中国文史出版社 2016 年版。
138. 鲁建文：《过去的那些教授》，广东人民出版社 2017 年版。
139. 梁志刚：《我的老师季羡林》，团结出版社 2017 年版。
140. 陈平原、夏晓虹编：《北大旧事》（第 3 版），北京大学出版社 2018 年版。

二、期刊论文

1. 朱自清：《中国文学系概况》，载《清华周刊》1931 年第 35 卷第 11、

12 期。

2. 王文显：《外国语文系概况》，载《清华周刊》1931 年第 35 卷第 11、12 期。
3. 紫丝：《清华生活的一斑》，载《清华周刊》1931 年第 35 卷第 11、12 期。
4. 蒋廷黻：《历史学系的概况》，载《清华周刊》1931 年第 35 卷第 11、12 期。
5. 锋：《清华生活一瞥》，载《清华周刊》1931 年第 35 卷第 11、12 期。
6. 李峻之：《评钱穆先生周初地理考》，载《清华周刊》1932 年第 37 卷第 5 期。
7. 贺麟：《德国三大哲人处国难时之态度》，载《大公报·文艺》副刊 1931 年第 198 期。
8. 贺麟：《德国三大折人处国难时之态度》，载《大公报·文艺》副刊 1931 年第 199 期。
9. 伯辰：《感事》，载《清华周刊》1932 年第 37 卷第 5 期。
10. 酉生：《过去种种》，载《清华周刊》1932 年第 37 卷第 2 期。
11. 钱穆：《重答李峻之君对余周初地理考之驳难》，载《清华周刊》1933 年第 39 卷第 8 期。
12. 般乃：《卞之琳“三秋草”》，载《清华周刊》1933 年第 39 卷第 8 期。
13. 袁庆辉、时钧：《化学系春假参观记》，载《清华周刊》1934 年第 41 卷第 8、9 期。
14. 紫珊：《清华社会学系的断片》，载《清华周刊》1934 年第 41 卷第 13、14 期。
15. 陈立夫：《民族复兴与读书运动：全国读书运动大会之开幕词》，载《文化建设》1935 年第 8 期。

16.《团体新闻》，载《清华暑期周刊》1935年第10卷第7、8期。
17. 王瑶:《关于第四十五卷的周刊》，载《清华周刊》1936年第45卷第1期。
18. 俞爽迷:《从“全国读书运动”说起》，载《厦大图书馆》1936年第7期。
19. 许振德:《忆钱钟书》，载《清华校友通讯》1963年新第3、4期。
20. 梁柱:《鲁迅与北京大学》，载《北京大学学报（哲学社会科学版）》1981年第4期。
21. 关海庭等:《邓中夏与北京大学》，载《湘潮》1985年第10期。
22. 汪曾祺:《沈从文先生在西南联大》，载《人民文学》1986年第5期。
23. 张中行:《闲话北大图书馆》，载《读书杂志》1990年第4期。
24. 欧阳哲生:《胡适与北京大学》，载《北京大学学报（哲学社会科学版）》1997年第3期。
25. 张玲霞:《论清华大学早期的文艺社团及其刊物》，载《清华大学学报（哲学社会科学版）》2000年第5期。
26. 赵瑞蕻:《离乱弦歌忆旧游——纪念西南联大》，载《新文学史料》2000年第2期。
27. 祁金利、宋一:《论清华精神》，载《清华大学教育研究》2001年第4期。
28. 张岱年:《回忆在清华的岁月》，载《清华大学学报（哲学社会科学版）》2001年第2期。
29. 钟启泉:《“批判性思维”及其教学》，载《全球教育展望》2002年第1期。
30. 李向群:《老北大校园变迁回顾》，载《北京档案史料》2005年第1期。
31. 胡军:《北京大学精神的一种解读》，载《北京大学学报（哲学社会科学版）》2007 年第 4 期。
32. 宁可：《我在北大的读书生活》，载《博览群书》2008 年第 4 期。
33. 任继愈：《抗战时期西南联大散记》，载《江淮文史》2010 年第 6 期。
34. 刘保绵等：《1940 年代北大学生生活之一斑》，载《新文学史料》2011 年第 2 期。
35. 陈翔：《李大钊与红楼群英》，载《北京观察》2011 年第 7 期。
36. 史春风：《20 世纪 30 年代国民政府读书运动研究》，载《东岳论丛》2012 年第 3 期。
37. 李睿：《浅论庄子对中国古代自由精神传播的影响》，载《东南传播》2014 年第 8 期。
38. 张惠、谢龙新：《“教学”与“创作”：燕卜荪在中国的教学传播轨迹及影响》，载《湖北师范学院学报（哲学社会科学版）》2016 年第 6 期。
39. 罗志田：《北伐前后清华与北大的史学》，载《清华大学学报（哲学社会科学版）》2016 年第 6 期。
40. 柳哲：《北大“偷听生”》，载《粤海风》2016 年第 1 期。
41. 刘平：《1930 年代的“读书运动”对当代阅读推广的启迪》，载《图书馆》2017 年第 5 期。
42. 韩永进：《文化自信 文化自觉 文化强国——典籍文献的魅力与力量》，载《文化软实力研究》2018 年第 6 期。

三、学位论文

1. 张小莉：《1917—1927 年北大学生社团研究》，中南大学 2005 年硕士学位论文。
2. 申海敏：《在经典阅读中建构学生的精神家园》，山东师范大学 2007 年硕士学位论文。

3. 李会梅:《高君宇思想研究》,湖南师范大学 2012 年硕士学位论文。
4. 夏孝萍:《民国书业读书会研究》,武汉大学 2019 年硕士学位论文。

四、报纸

1. 东荪:《答章行严君》,载《时事新报》1919 年 10 月 12 日。
2. 《发起史学读书会意见书》,载《北京大学日刊》1922 年 4 月 19 日。
3. 《北大数学学会读书会细则》,载《北京大学日刊》1930 年 3 月 22 日。
4. 中国文化建设协会:《办全国读书竞进会》,载《申报》1935 年 2 月 14 日。
5. 赵大新:《百年北大的精神实录》,载《光明日报》2009 年 1 月 27 日。
6. 习近平:《在纪念五四运动 100 周年大会上的讲话》,载《人民日报》2019 年 5 月 1 日。

后　记

大学中学生最为日常的生活是如何影响其精神成长，使其实现精神上的脱胎换骨，是近年来我带领的学术小团队最为关切的问题之一。经过近几年我和我指导的研究生的共同劳作，它的初步研究成果已经浮出水面，这就是摆在读者诸君面前的这部著作。这部著作的成书，是许多人关爱的结果。因此，在这里，我需要感谢那些关心、扶持我们这一学术工程的人们。

首先应该感谢的是胡保利教授！正是因为有他的适时督促、鼎力支持，这部书才有可能以这么快的速度写出来，并且顺利出版。

另外还需要感谢的是我的合作者陈香和张晓庆。她们两位都是我以前指导的研究生。目前，陈香是东莞市东城实验学校的语文教师，张晓庆则尚未找到合适的工作岗位。在本书中，陈香负责第一章的书写，张晓庆负责第三章的书写，我则负责前言、第二章、结语的书写。如果没有她们在研究生时代的辛勤劳动，这部书的面目一定不会是这样的。

感谢中国政法大学出版社的冯琰老师及其率领的编辑团队！正是因为她们严谨、专业的工作，才使得本书的许多讹误消弭于无形。

“日常生活与精神成长如何关联”这样一项研究，只是我们就日常生活与精神成长的内在关联这样一个大问题探讨的初步尝试。以这部书作为开始，我们以后还会沿着这样一条道路，一步一步地探索下去，形成系列化的理论成果。我期待着这样一条学术道路一点一点延展开来，不断结出累累硕果。

王喜旺

2021 年 8 月 11 日

于山西老家裕新苑